思春期の心と向きあう

精神科医・医学博士
水島広子

10代の子をもつ親が知っておきたいこと

紀伊國屋書店

10代の子をもつ親が知っておきたいこと——思春期の心と向きあう

はじめに

10代は、よく「難しい年頃」と言われることからもわかるように、どんな親にとってもある程度の覚悟が必要な時期です。心の病や、さまざまな問題行動が起こりやすい時期でもあります。10代によく見られるいじめや非行なども、ほとんどが病んだ心を反映しています。

私は精神科医として、摂食障害など思春期前後の心の問題を専門としていますので、これまで数多くの10代の患者さんを診てきました。また、現在は成人している患者さんであっても、最初に病が発症したのは10代という方が少なくありません。そのような方の中には、当時は病気だということにも気づいてもらえないまま「問題児」として扱われていたり、自分の心の中だけに苦しみを押し込めて暮らしていた人も多くおられます。

10代は将来の心の健康のためにも重要な時期ですから、本来は周囲の大人が関わり方を理解してしっかりと対応していく必要があるのですが、反抗的な態度やそれまでになかったような行動など、大人の不安を煽るようなことがいろいろと起こりますので、大人の側は逆に方向を見失いがちな時期でもあります。「子育て論」にも様々なものがあり、中には正反対のことを言っているものもあって親を混乱させます。特に今のように先が見えない時代だと、いったい10代のうちに何をしておけば子どもにとって最もプラスになるのかがわからずに、いたずらに不安になって情報に振り回されてしまうこともあるでしょう。

10代の子どもと関わる上で最も大切なことは、実は非常にシンプルだと私は思っています。今まで多くの患者さんを治療する中で実感してきたことですが、ポイントとなるのは、「自尊心」と「コミュニケーション力」です。「自尊心」というのは、自分の存在を肯定する気持ちです。心の病になる子どもも、非行や犯罪に走ってしまう子どもも、「自尊心」に問題を抱えていることがほとんどです。人間は自分の存在を肯定できて初めて前向きに生きていくことができますし、社会とも折りあっていこうと思えるものだからです。自尊心が高い子どもは、自分も他人も大切にすることができるのです。「自尊心」と密接な関係にあるのが「コミュニケーション力」です。自分の気持ちをわかりやすく伝えることで他人とのつながりを深めたり、自分が求めるものを得たりしていく能力です。自尊心が低いと「自分の言うことなどどうせ誰も聞いてくれない」と思い込んでコミュニケーション力も低下してしまいますが、反対に、コミュニケーションを通して相手とのつながりを感じると「自尊心」が育つ、という側面もあります。

本書では、「自尊心」と「コミュニケーション力」に特に注目して、さまざまな状況におけるその育て方をお伝えしていきます。実は、親は子どもにあまり確かなものを残してあげることができません。いくらお金を残したとしても、この不安定な時代、どうなるかわかりません。かつてのように学歴さえあれば、という時代でもなくなりました。また、お金と学歴に恵まれていたとしても、孤立して心を病んでしまえば、人生に絶望することにもなりかねません。

親が子どもに確実に残してあげられるものは何かと考えてみると、どんな困難な状況に直面しても自分の価値を信じて前向きに対処できる「自尊心」と、人に支えられながら問題を乗り越えていける「コミュニケーション力」こそが一生の財産ということになるのではないかと思います。また、本書で述べるような関わり方をしていくことで、親自身の自尊心とコミュニケーション力も育っていくはずです。

私が専門にしている対人関係療法は、うつ病や摂食障害への治療効果が科学的に実証されている精神療法で、思春期の患者さんにもとてもよく効きます。治療の中では、単に病気が治るのみならず、人間が本来持っている力の大きさに気づくことが珍しくありません。それは患者さん本人だけでなく、周りの方たち、特に親御さんについても言えることです。治療に入った時点では、誤った考えにとらわれていたり、不確かな情報に振り回されていたり、自らの不安や罪悪感にしがみついていたりで、「不適切な親」にしか見えないような方でも、治療の中で、「真にやるべきこと」がわかってくると、子どもにとって本当に頼りがいのある温かい存在になってくるのです。本書では、そんな治療の結論として私や親御さんたちが実感している「やるべきこと」を、学術的な裏付けも添えながら、お伝えしていきたいと思います。

私自身も10代の子を持つ母親ですので、親の不完全さはよくわかっています。本文にも書きましたが、本書をくれぐれも完璧主義的に「こうすべき」と読まないでいただきたいと思います。本書が「親を不安にさせる育児書」の一冊になってしまうことは、まったく望むところではありません。むしろ、「どちらがよいかわからなくなったときのための考え方」というくらいにとらえていただきたいと思いますし、こう考えれば楽になる、と感じていただければ幸いです。タイトルは思春期の中心となる「10代」としましたが、もちろんその前後の年齢の方にも当てはまる内容です。

本書によって、皆さまの親子関係がより豊かなものになることを心から祈っております。

01 思春期の意味

思春期を単に「難しい時期」ととらえてしまうと、ただの「乗り越えなければならない時期」になってしまいます。子どもの一つひとつの言動が、正常範囲のものなのか、それとも何か取り返しのつかないことが起こっているのか、ということもわかりにくいため、不安にとりつかれて親が自分の健康を損なうこともありますし、子どもに対してどのように振る舞ったらよいのかがすっかりわからなくなってしまうこともあります。

しかし、思春期が何のためにあり、一つひとつの言動にどのような意味があるのかということを理解できれば、この時期はただ辛い「乗り越えなければならない時期」ではなく、子どもと共に楽しめる冒険の時期になるでしょう。親が自分の新たな力を見出すチャンスにもなります。

思春期とは

思春期を子どもとともに歩んでいくための基本的な姿勢はどうあるべきかを知るために、まず最初に思春期の意味を考えてみたいと思います。

医学的には、思春期は「二次性徴の発現から性的身体発達の完成まで、すなわち小児期から性成熟期への移行期」（『医学大辞典』医学書院、二〇〇九年）とされています。たとえば女の子であれば、胸がふくらみ始める頃から、生理が大人として順調なものになるまで、というのが大雑把なとらえ方です。個人差も大きいのですが、年齢としては、日本人では、およそ8〜9歳から17〜18歳に相当するとされています。

ホルモンが大きく変動するこの時期は、精神的にも大変不安定になります。周囲の大人たちにとってだけでなく、子ども自身にとっても、ただ楽しいばかりの時期ではけっしてありません。それまでは絶対的な存在として頼りにしていた親が、ある日、煙たく感じられる。親の言うことが間違っているように思えてくる。それまで疑問にも思わなかったことが、疑問に思えてくる。そして、誰も答えを示してくれない。それは、子どもにとってもけっして愉快な体験ではありません。

ただ、心の成長という観点から見ると、人間の身体というものは本当にうまくできているなあ、というのが私の率直な感想です。なぜなら、この不愉快な思春期がなければ、子どもは親離れをすることができず、一人前の大人になれないからです。大人になろうと意識して努力しなくても、時期がくればホルモンなどの変化が自然と思春期を作り出してくれるのです。

思春期を迎える前の子どもは、保護者（多くは親）の世界の中で生きています。どんなに独立心旺盛に見える子どもであっても、親と自分を切り離して、親を客観視することはまずできません。その極端な例が、虐待を受ける子どもたちです。第三者が見れば、「何てひどい親なんだろう」と呆れるような事例であっても、被害を受けた子どもは、「でも、僕がもう少しいい子にしていれば、お父さんも優しくしてくれるんじゃないだろうか」と考えたりします。また、親の悩みや苦しみを、「まあ、あの人にも悪いところがあるんだから、苦しむのも仕方がない」などと突き放して考えることができず、どうやったら解決できるだろうかと、すべてを背負い込んでいるような子どもも珍しくありません。親からの評価は絶対的で、「あんたなんて生まなければよかった」という母親の一言が、子どもにとっては、自分の全存在の否定になったりします。

この時期、子どもと親の価値観はほぼ同一です。機嫌が悪かったり我慢ができなかったりして親に反抗することはありますが、親の価値観そのものまで疑ってかかるようなことはまずありません。

また、人との関係も、基本的には親の人間関係の中に位置づけられています。もちろん子ども自身の友だちもいますが、あくまでも、「親を中心に存在している自分」の友だち、という位置づけになります。親の都合で転校を繰り返す子どもが、大人よりもずっとスムーズに新しい環境に順応していくことが多いのは、子ども特有の順応性の高さもありますが、人間関係が親中心だということも一つの理由なのだと思います。

大人になるために必要なプロセス

子どもが大人になるためには、自分自身の価値観と人間関係を確立する必要があります。価値観も人間関係も生涯変化し続けるものですから思春期に完成するわけではありませんが、それらが「親から独立している」という形は確立しておくことが必要です。もちろん親の価値観や人間関係から影響は受け続けますが、「親の」ではなく、「自分の」価値観や人間関係になるのです。

そのために訪れるのが、思春期という時期です。いつまでたっても親が絶対的な存在であり続けたら、自分自身が自立した大人になることはできません。思春期になると、なぜかある日突然親が疎ましく思われ、親の価値観を疑うようになります。親よりも、友だちや先輩といった人たちのほうがずっと親しく感じられます。親が言って聞かないことでも、先輩に言われると喜んで従う、などということはしょっちゅうです。

そのように親を疎ましく思って自分と親との間に距離を作るからこそ、自分自身の価値観や人間関係を育てることができるのです。ですから、「親を疎ましく思う」というのは、大人になるために組み込まれたきわめて正常なプロセスです。やがて、自分の価値観や人間関係ができてくると、親もその一部として位置づけられます。つまり、親の価値観を「自分の」価値観を通して見るようになり、「自分の」人間関係の中に、親も位置づけられます。親を、親しいけれども自分とは別の人間として見ることができるようになります。子どもの頃や思春期には理解できなかった「親の人生」や「親の事情」が、人間として理解できるようになるのです。もちろん、弱点や欠点を持った一人の人間として、ということです。こうなると、思春期も終わりです。

いろいろな事情で、この「親離れ」がうまくできない人たちがいます。たとえば、親の側が「子離れ」に強い抵抗を示し、子どもが自立の兆しを見せると具合が悪くなったりするような場合には、子どもは自立することに罪悪感を抱くようになります。両親がひどい不和で、子どもがいることでかろうじて結婚生活を続けているというような場合にも、自立してよいのだろうかと無意識のうちに不安になります。身動きがとれなくなった子どもが、心を病んでいくのも無理もないことです。よく、「反抗期がない」ことが問題にされるのは、反抗期そのものに意義があるということだけでなく、子どもが安心して反抗期に入れない理由にも問題があるという意味もあります。

つまり、反抗期に代表される思春期の問題の数々は、避けようとしてはいけないものなのです。親から見て不愉快な言動や態度は、子どもが健康に成長していて、自分が「子どもの自立に耐えられる親」として子どもから信頼されている証拠だと考えたほうがよいでしょう。もちろん、ただ歓迎しているわけにもいかない問題行動もありますが、まずは、思春期を前向きにとらえる、という基本姿勢を確認しましょう。

02

人間の性格の成り立ち

人間の性格は、変えることができるのでしょうか。これは、誰もが一度は抱く疑問だと思います。思春期の心を考える上でも、性格の位置づけは重要です。期待と不安と挫折が入り交じるこの時期には、「変えられるものは変える」「変えられないものは折りあい方を考える」という基本的な姿勢を学ぶことも重要な課題だからです。そのためにはまず、周りの大人たちが、何が変えられるもので、何が変えられないものかを理解している必要があります。そうしなければ、子どもは変えられないものを変えようとして挫折し自尊心を低下させたり、変えられないものを変えるようにとプレッシャーをかけられて、周囲との関係に不満をため込んだりしかねないからです。

人間の性格が遺伝によって決まるのか環境によって決まるのかについては、長らく社会的に議論が行われてきましたが、その解決に向けて、科学的手法の研究が行われるようになりました。それは、双子を使った研究です。一卵性双生児はまったく同じ遺伝子を持って生まれてきますので、二人の性格の違いは遺伝によるものではなく環境によるものだと言えます。数千組の双生児からデータをとって複雑な統計解析をした結果、人間の性格の、どの部分が遺伝によるもので、どの部分が環境によるものであるかがわかってきました。これをとてもわかりやすく示しているのが、クロニンジャーという米国の精神科医が考えた「七因子モデル」というものです。

クロニンジャーの「七因子モデル」は、その名のとおり、人間の性格を七因子から成り立つものとして考えます。つまり、人間の「性格」を七つの軸で切って表そうとしたものです。

七因子は、遺伝的な影響を強く受ける四つの因子と、環境的な影響を強く受ける三つの因子に分けられています。それぞれの因子が具体的にどういうものであるのかを簡単に説明しましょう。

生まれつき決まっている四つの因子

❶冒険好き

「新しいものを追求しようとする性質」です。専門用語では「新奇性追求」と呼ばれます。「心のアクセル」とも言われ、好奇心や衝動性などが含まれます。新しいものや珍しいものを見るとパッと飛びつく、というのは「冒険好き」による行動です。「冒険好き」度が高い人は、好奇心が強くて積極的に行動する反面、我慢が苦手で行きあたりばったりな行動をとりやすいという傾向があります。「冒険好き」度が低ければ、思慮深く計画的な行動をとる反面、考えや行動を硬直化させやすい傾向があります。

❷心配性

「損害を避けようとする性質」です。専門用語では「損害回避」と呼ばれます。「心のブレーキ」とも言われ、心配性や怖がりを意味します。ちょっと不安なことがあると「心配だから……」と行動をやめてしまうのは「心配性」によるものです。「心配性」度の高い人は、慎重で手堅い反面、緊張しやすく将来のことを思い煩いやすいという傾向があります。「心配性」度が低い人は、大胆な行動がとれる反面、楽観的になりすぎて失敗してしまうこともあります。

❸人情家

人からほめられたり認められたりしたい気持ちが強い性質です。専門用語では「報酬依存」と呼ばれます。ほめられれば何でもやってしまう情のあつさがある反面、感傷的になったり依存的になったりしやすい傾向があります。「人情家」度が低い人は、冷静で現実的な行動がとれる反面、他人に対して冷たいと見られてしまうこともあります。

❹ねばり強さ

あることを一生懸命に辛抱強く続ける傾向です。専門用語では「固執」と呼ばれます。「ねばり強さ」が高い人は、努力家で頑張る傾向がありますが、一つのことにこだわりすぎてしまうこともあります。「ねばり強さ」が低い人は、ものごとにこだわらず、さばさばしている反面、諦めが早すぎる傾向があります。

「長所」と「短所」を分けるもの

ここまでが、遺伝的な傾向が強いと言われているものです。これらの四因子はいわば「性格」の骨組みを作るもので、四つがどのようなバランスで組みあわさっているかがその人の生まれつきの個性ということになります。この時点ではまだ長所も短所もありません。

「冒険好き」が長所として育てば、どんどん新しいことに関心を持ってチャレンジしていく性質になりますが、短所として育てば、次々といろいろなことに手を出しては長続きしない性質になります。「冒険好き」でない人は、長所になれば保守的でうわつかない人になりますが、短所になると新しいことにまったく目を向けようとしない頭の固い人になります。

「心配性」が長所として育てば、慎重できちんとした、失敗しない人になりますが、短所として育てば、不安が強くて周りの人も辛くさせる人になるでしょう。「心配性」でない人は、長所になれば、おおらかな人になりますが、短所になれば何度失敗しても懲りない人になります。

「人情家」が長所として育てば、とても人情味がある人になりますが、短所として育つと、いつも人から大切にしてもらわないと傷ついてしまう人にもなります。「人情家」でないところが長所になると、人目を気にしないで冷静でいられる人になりますが、短所になると冷たく人間味のない人になってしまいます。

「ねばり強さ」が長所になれば辛抱強い人になりますが、短所に育つとしつこく融通のきかない人になるでしょう。「ねばり強さ」が低い人は、長所になれば柔軟性のある人になりますし、短所になれば単なる「我慢のきかない人」になるでしょう。

先天的に決まった骨組みに肉づけをして長所にしたり短所にしたりするのが、残りの三つの因子です。ここで理解していただきたいのは、先天的に決められている性格や特性を変えようとしても、意味がないどころか有害だということです。よく、子どもをしつける際に、「どうしてあなたはそんなにねばり強さがないの」と責めることがあります。でも、実はそれはその子の責任ではないのです。そのように責められて育った子どもは、ねばり強い人間に変わるどころか、「自分は何かが欠けた人間だ」とか「努力してもだめな人間だ」という気持ちを持って育つことになります。これでは、残りの三つの因子の一つである「自尊心」を損ねてしまいます。

むしろ、「自分はもともとねばり強くないので、それでもできるやり方にしよう」と考えるほうがずっとプラスになります。

後天的に作られる三つの因子

次に、環境的な影響を強く受ける三つの因子、「自尊心」「協調性」「精神性」を紹介しましょう。

❶自尊心

自尊心は、自分という存在や自分のやり方に対する信頼感とでも言うべきものです。クロニンジャーの用語では「自己志向」と呼ばれています。

自尊心は、日本では「プライド」と混同されることが多いかもしれません。でも、いわゆるプライドが高い人というのは、自尊心が低いものです。自分に自信がないから、偉そうな態度をとったり、自分がどういう扱いを受けるかに過敏だったりするのです。

自尊心は環境の影響を強く受ける三つの因子の中で、一番のポイントになるものです。自尊心が高い人は、遺伝的にかなり個性的な性格に生まれついても、自分なりに環境に適応していくやり方を身につけていきます。自分のやり方に自信があり、自己評価も高いですから、大きくバランスを崩すこともないですし、「自分は自分、人は人」と考えられますので、他人に依存しすぎたり、批判的になったりしないですみます。

遺伝的に決められた性格の骨組みを、長所にするか短所にするかの重要なポイントの一つが自尊心です。たとえば、性格の偏りが病的なレベルまで極端になって自分や他人を苦しめると「パーソナリティ障害」と診断されますが、パーソナリティ障害の人は、自尊心が低いことが明らかにされています。単なる「性格の偏り」をパーソナリティ障害という病気にするのが、自尊心の低さなのです。反対に、自尊心が高いということは、自分というものをよく知っているということです。自分の性格の偏りに振り回されることなく、「自分はこれが苦手だから人の力を借りよう」「自分はこれが苦手だから、できなくても仕方がないと受け入れよう」というふうに考えることができるのです。自尊心が低いと、苦手なことができない自分を責めて死にたくなったり、人の力を借りずに孤立したり周りと対立したりしていきます。そうして、自分や他人を責めることに忙しすぎて、自分の力や相手の温かさに気づかなくなってしまうのです。

❷協調性

協調性は社会的に重要な特性です。専門用語では「協調」と呼ばれています。協調性の高い人は、人の気持ちに敏感で思いやりの気持ちを持ちながら行動していくことができます。協調性の低い人は、他人の気持ちに配慮した行動をとるのが苦手です。

自尊心は高いけれども協調性は低い、という人の場合は、しっかりと自分の道を歩んでいるけれど集団の中では浮いてしまったり、対人関係でのトラブルが多かったりというタイプになるようです。反対に、協調性は高いけれども自尊心は低いという人の場合は、周りに流されてしまうようなことになりがちです。

性格の偏りが自分や他人を苦しめる「パーソナリティ障害」の人は、自尊心と協調性が共に低いという特徴があることがわかっています。

協調性は自尊心を前提として育てることが重要です。私が専門としている摂食障害（拒食症、過食症）やうつ病の患者さんには、自尊心が低く協調性が高いという人が案外多いものです。こういう人たちは、他人にばかり気を遣って自分のことを後回しにします。これは、一見すると道徳的ですばらしい態度に見えますが、実はそうでもありません。自分の心や身体の健康に責任を持たずに他人を優先させてしまうと、結局は自分の健康を損ね、周囲の人に心配や負担をかけることにもなります。自分の個性や限界を知り、それを認めながら、他人とも協調するという姿勢が健康な心につながるのです。

自分のことも他人のことも大切にしよう、ということがよく言われますが、ある意味では、自尊心は自分を大切にする気持ち、協調性は他人を大切にする気持ち、ということもできます。どちらもバランスよく育てていきたいものです。

❸精神性

現実生活を超えた自然や宇宙への関心のようなものを意味します。専門用語では「自己超越」と呼ばれています。たとえば、つらいことが起こったときに、自分が何か大きなものとつながっていて、いろいろなことが起こるのには必然性がある、というふうに考えることができると、心がだいぶ安定します。これは宗教によって養われることもありますし、そうでなくても、「自分がうつ病になったのは、こういうことを学ぶためだったんだな」というふうに、自分に起こったことの意味を理解する、という形でも現れるものです。

変えられない「性格」を受け入れる

さて、先ほどお話しした、遺伝の影響を強く受ける因子と、これら三つの環境的な因子との関係を考えてみましょう。

まず、「自分はねばり強くないほうだから、ねばり強さが要求されることは避けておこう。コツコツやらなければならないときは特別な工夫をしよう」などと考えられるのは、自尊心の高さを示しています。自分をよく知り、肯定的にとらえると、このような建設的な考え方ができるのです。また、すべての人が性格について科学的な知識を持っているわけではありませんから、時には「君はどうしてそんなに我慢が足りないんだ」「君はどうして新しいものに関心を示さないんだ」「どうしてそんなに心配性なんだ」などと責められることがあるでしょう。その際に、それは自分には変えられないものなのだということがわかっていれば、自分を責めて自尊心を低下させることもなくなるでしょう。相手は、ただ現状を受け入れられずに感情的になっているだけだということがわかると思います。

変えられないのは自分の性格だけではありません。相手の性格も同様です。そのことがよくわかっていると、他人の不完全なところを受け入れやすくなるので、協調性を高めることもできるでしょう。「どうしてあの人は……」と批判的に見るのではなく、「ああ、こういう性格の人なんだな」と単なる事実として見ることができるでしょう。「あの人は自分を変えるようにもっと努力すべきだ」と無理な要求をして怒りや失望を感じるのではなく、与えられた条件の中で一生懸命生きている人に対して優しい気持ちを持てるようになるかもしれません。

世の中にはまったく同じ性格の人はいません。いろいろな人がいて、いろいろな出会いがあって、その中でお互いに学びあっている、というふうに考えれば、精神性も高まるでしょう。科学の進歩の本来の目的は、人間を傲慢にするよりも謙虚にすることであるように思います。

思春期の子どもにも、このようなことをぜひ学んでもらいたいものです。そのためにも、まずは周りの大人が、「変えられないこと」を受け入れ、そこから学べることを子どもたちにメッセージとして伝えていきたいですね。

03

思春期のゆらぎと自尊心

思春期の心は、ゆらぎながら成長していきます。成功体験や失敗体験を重ねて試行錯誤しながら、ゆらいでいるものです。あるとき自分が万能の存在に思えたら、次の瞬間にはいかにだめな人間かと落ち込んでいる、ということもあります。人生に無限の可能性があるように感じた次の日には、人生にすっかり絶望している、ということもあるくらいです。親に対する反抗心もゆらいでいます。親を強く拒絶した次の瞬間には罪悪感を抱き、別のときには反抗を忘れたような優しさを見せたり甘えたりする、というのも思春期の特徴でしょう。

このゆらぎの中で自分の価値観や対人関係を確立していくわけですから、反抗も大人になるために必要なプロセスなのです。ゆらぎそのものを止めてしまったら、心は成長できません。でも、時として、このゆらぎが大きくなりすぎて取り返しのつかないような状況を自ら招いてしまうことがあります。その代表的なものが薬物依存や「援助交際」などでしょう。通常の思春期のゆらぎであれば、見守っているうちに、やがて成長して落ち着いていきます。特別なサポートをしなくても、健全な範囲のゆらぎにおさまるわけです。でも、薬物依存や性的逸脱など、明らかに自己破壊的な要素が強い行動に至ったら、それは、特別なサポートが必要な状況にあるということになります。

自尊心が低下すると

ゆらぎが一定範囲におさまる人とそうでない人の違いを決める重要な要素の一つが「自尊心」です。思春期のゆらぎを健康な一定範囲におさめるためには、ある程度の自尊心が育っていることが必要です。

自尊心は、文字通り「自分を尊重する心」を意味するわけですが、空気に似たところがあります。私たちは空気を常に呼吸しており、空気がなければ生きていけないのですが、ふだんは空気の存在すら意識していません。でも、空気がなくなると直ちに苦しくなって、「空気は人間が生きていくために必要なものだ」ということに気づくのです。自尊心も同じようなものです。自尊心は、人間が前向きに生きていくために必要なものですが、とらえどころのない感情なので、日頃はその自尊心の存在をほとんど意識しません。目を覚ますたびに「生まれてきてよかった」とか「自分は生きていく価値のある人間だ」と意識する人は少ないと思います。時々空気のおいしさに感激する瞬間があるように、何か心を動かされる出来事があったときに「生まれてきてよかった」と感じるくらいです。

自尊心そのものを理解するのが難しくても、自尊心が低下している人を観察してみると、自尊心がどういう役割を果たしているかがわかります。自尊心が低下すると、「生まれてくるんじゃなかった」「自分は生まれてこないほうがよかった人間なのだ」「生きていく価値がない人間なのだ」「生きていてはいけないのだ」「あの人と比べると私のほうが人間としての価値が下なのだ」などと感じるようになります。

このような感覚を持つとあらゆることに影響が及びます。その一つが、対人関係です。自尊心が低くなってしまうと、人の思いやりをまっすぐに受け止めることができなくなります。「どうせ私なんて」と思っていると、人のメッセージを歪んで受け止めがちになるのです。こんなに価値の低い自分のことを本気で心配する人がいるわけがない、何か裏があるかもしれないし、単なる気まぐれで、どうせすぐに愛想を尽かすに決まっているると思ってしまうのです。

自尊心の重要性

思春期には、いろいろな誘惑があります。誘惑に駆られるというのは、それ自体は悪いことではありません。そうやって、新しい可能性に手を出してみて試行錯誤していくことも思春期の大切な仕事です。そのときに自尊心が高ければ、「どこかおかしい」ということに気づきやすくなります。「これをやることが、本当に自分にとってよいことなのか。正しいことなのか」という考え方をすることができます。そして、それ以上に、家族のことを考えます。多くの場合、さまざまな危険から思春期の子どもたちを守るのは、自分自身の判断力以上に、「こんなことをしたら家族を悲しませる」というような、家族への配慮なのです。自分でも自分を大切にしている、そして、周囲からも大切にされていると感じている子どもは、試行錯誤の中でゆれ動いても、道を大きく踏み外すことはないと言えます。

一方、自尊心が低いと、「自分なんて」と思っていますから、本当に破れかぶれ、手当たり次第という行動をとることさえあります。自分を満たしてくれそうな気がする方向に行ってみて失敗したら「自分はだめなんだ、死んでしまおう」と思い、今度は別の方向から甘い言葉をかけられるとそちらに依存しては「あの人に裏切られた」ということになるようでは、ジェットコースターのような人生になってしまい、試行錯誤から何かを学ぶというよりも、ぶつかるたびに傷が深まるようなことになりかねないのです。

25ページでお話ししたように、パーソナリティ障害と普通の「性格の偏り」を分ける指標の一つが自尊心です。自分のパーソナリティを、社会に適応するようにコントロールしていくためには、ある程度の自尊心が必要だということです。

思春期の場合も同じで、思春期特有の心のゆらぎを、社会に適応するようにコントロールしていくためには、ある程度の自尊心の高さが必要なのです。

覚醒剤を使ったり「援助交際」をしたりする人たちに向かってよく言われるのが「もっと自分を大切にしなさい」というセリフです。言いたくなる気持ちはわかりますが、これは実は本末転倒な言葉なのです。自分を大切にできない（自尊心が低い）結果として、薬物依存などが起こってきているわけです。自分など生まれてくる価値がなかったと思っている人（そういうメッセージを周囲からも受け取ってきた人）に向かって、「もっと自分を大切にしなさい」と言っても、ピンとこないのは当然だと思います。むしろ、自分がいかに大切な人間なのかを実感できるような体験を与えてあげることが必要なのです。

04

自尊心を高める子育て

思春期のゆらぎが正常範囲におさまるか、それとも逸脱して自己破壊的な方向に進むのか、ということを決めるポイントである自尊心は、パーソナリティの中でも後天的にできるとされているものです。小さな頃から自尊心を高めるような育て方をすることは大切ですが、いつであっても遅すぎるということはありません。思春期からでも取り組むことができます。

本章ではどのようなアプローチが自尊心を高めるのか、ということをお話ししましょう。その前提として、まず時代による社会の変化について一言ふれておきたいと思います。子育てについての講演をすると、年配の方から「自分は八人きょうだいの七番目で、親にはほとんどかまってもらえなかったし、殴られたこともある。でも、ちゃんと育った。今は子育て、子育てと騒ぎすぎるから、子どもがかえってよく育たないんじゃないか」というような質問を受けることがあります。時代の変化に注目することは大切なのですが、ここで完全に見落とされているのは、もう一つの変化、地域の崩壊と少子化です。

地域が子育てのセーフティネットとしてもっと機能していた頃は、子どもにとって「身近な大人」が、今よりもはるかに多く存在していました。親があまり子どもにかまわなくても、地域のおじさんやおばさんがいろいろと声をかけてくれていました。親からけなされても、地域の優しいおばさんが「あんたには意外といいところがあるね」とほめてくれました。親からの虐待があっても、「小さな子どもにこんなことをするなんて」と問題視してくれる大人がいたり、あるいは、安全な居場所を提供してくれたり、と大きな意味で子どもは守られていました。もちろんうるさ型の大人に叱られることもありましたが、叱られるということは、地域の一員としての自分の存在を認めてもらっているということでもあります。思春期に親を疎ましく思うときにも、代わりに頼りにすることのできる年長者が身近なところにたくさんいましたので、思春期の成長を支えてもらえました。

今では、少子化の影響で親世代からすでに親戚の数も減っていますし、地域の大人がその地域の子どもたちのことをだいたい把握している、というようなつながりも失われてしまいましたので、子どもにとっての身近な大人の数が、ぐっと減っています。子どもによっては、身近な大人が親と教師だけということもあります。このような状況では、親をはじめとする数少ない大人がどのように子どもに接するか、ということが昔とは比較にならないほど大きな意味を持つようになっているのです。

子どもの存在そのものを肯定する

少年院に入っている子どもたちのアンケート調査などを見ると、最も多い回答の一つが「自分を認めてもらったことがない」というものです。何をしても否定される、他人と比較してけなされる、あるいは何をしても関心を持たれない、という状況では、子どもは「認めてもらえない」というふうに感じます。つまり、周囲にとって自分の存在はどうでもよいもの、あるいは迷惑ですらあるものだと感じてしまうのです。こんな状況では自尊心が育つはずもありません。

繰り返しになりますが、地域が昔のような機能を果たさなくなった今は、身近な大人が意識して子どもの存在を認めてあげる必要があります。

折にふれて「生まれてきてくれて本当によかった」というメッセージを親から受けとることは印象に残りますし、ここぞというときには抱きしめてあげてほしいのですが、何と言っても日頃から子どもをよく観察して努力をほめてあげることが大きな効果を発揮します。

日本人は特に子どもをほめることが苦手です。心の中では「よくやった」と思っていても、それをそのまま表現してしまうと、「のぼせ上がって努力をしなくなるのではないか」と、不安になってしまったり、気恥ずかしく感じがちだからです。でも実際には、人間はむしろほめられたほうが努力する意欲がわくものですし、さらに努力してほしい場合には、ほめた後にそれを伝えればよいのです。

地域がもっと機能していた頃は、子どもはどこかで傷ついても別のところで癒してもらうことができましたので、「厳しく育てる」というやり方でもよかったのかもしれません。でも今は「ほめて育てる」ことの効果にもっと注目すべきです。ほめられる、ということは、ポジティブな関心を持って見てもらっていることの表れであり、存在を肯定してもらっていることにほかなりません。

虐待を受けるなど存在を肯定されずに育った子どもの場合には、特に意識して存在を肯定してあげることが必要です。約束を覚えておいてきちんと守る、約束が守れないときにはきちんと謝る、というようなことも、存在の肯定につながります。

まずほめてから注意する

子どもに行動を改めてほしいときにも「ほめる」という基本は変わりません。どんなに不適切な行動をとっているように見えても、子どもなりの努力の結果であることがほとんどです。ですから、まずは努力をほめてあげて、その上で、やり方を変えるようにアドバイスする、という順番を踏むことが必要です。順番を間違えて、「まず注意をして、その後にほめてあげよう」とやってしまうと、注意をした時点で子どもは心を閉ざしてしまいますし、場合によってはそのまま飛び出してしまうため、ほめるチャンスが永遠に失われるかもしれません。思春期のゆらぎのエネルギーは大きいので、「この人は自分を認めてくれない」と思ったときの逸脱も大きいのです。それまではなんとか細くつながっていた関係の糸が、まさにプツンと切れてしまうことにもなりかねません。

「まずほめてから注意する」という順番は、どんなに危機的な状況であっても有効です。たとえば、思春期の子どもが「実は覚醒剤をやっている」と打ち明けてきた場合、通常大人は動転のあまり怒鳴りつけてしまい、ますます事態が悪化することも珍しくないわけですが、ここでも子どもが何を努力したのかを見てあげる必要があります。覚醒剤をやった、などということを打ち明けるのは、大変な勇気を要することです。よほど困っているか反省しているかでなければ、まず打ち明けないでしょう。まずは大人を信頼して打ち明けた勇気を評価してあげることです。「よく打ち明けてくれたね」という一言が、子どもの存在を全面的に肯定します。その上で、ではどうするか、ということを話しあっていけばよいのです。その際に自分の不満や心配も伝えればよいでしょう。

いきなり怒鳴るやり方が、必ずしもうまくいかないわけではありません。親から殴られたことが人生を見直すきっかけになった、という人もいます。そういうケースでは、親の「本気」が伝わっているのです。涙をためて子どもを殴った親を見て、「この人は本気で自分を育てている」ということがわかれば、それもまた存在の肯定になります。でも、すべての人が、このやり方に向いているわけではありませんし、必ず「本気」が伝わる保証はありません。やはり言葉で「よく打ち明けてくれたね」と努力を認めてあげるほうが、ずっと安全で確実な方法だと言えます。

05 反抗期の子どもとの接し方

ほめることの大切さが頭ではわかっていても、反抗期の子どもをほめるのは大変です。小さな子どもが何か努力をしたときに「よくがんばったねえ。すごいねえ」と言ってあげるのは簡単なのですが、何を考えているのかわからない反抗期の子どもや、親から見ればけっして愉快とは言えない言動を繰り返す子どもに対して、「ほめる」というのは案外難しいものです。

ほめることの本質的な意味は、子どもの存在の肯定だということを前章でお話ししました。存在の肯定が自尊心を育むというのは、反抗期であっても変わりません。反抗期の場合、小さな子ども時代よりも「すごいねえ」とほめてあげることが難しくなる分、存在の肯定の仕方をよく考えておく必要があります。

反抗期が、子どもから大人になるために必要な自分の価値観や対人関係を築いていくためのプロセスだということは前にお話ししました。そして、それはゆらぎの連続であり、子ども自身、確信を持って前進しているわけではないのです。不安や罪悪感を抱くことも多い時期です。そんな子どもの存在を肯定してあげることはとても大切です。

反抗期の子どもが「ものわかりのよい、わかりやすい子ども」でないのは当然です。学校や家庭のルールに従わないことも頻繁にあります。だからこそ、「反抗」期と呼ばれるわけです。

それまで子どもと心が通っていたと思う親ほど、「わが子がわからなくなった」と感じがちです。そして、自分には理解できない子どもについて、「この子はこのままで大丈夫なのだろうか」という不安を抱きます。その不安を消そうと、無理に会話を求めたり、自分の意見に従わせようとしてしまうこともあります。そして、子どもからさらにひどい反抗に遭い、「もうこの子のことはまったくわからない」と関係そのものを投げ出してしまう人もいます。いずれも、子どもの存在を肯定できているとは言えない対応です。

子どもの「現在」を否定しない

反抗期の子どもの存在を肯定する、というのはどういうことでしょうか。それは、成長のために必要なプロセスである反抗期を通っているという「現在」を肯定する、ということです。何でも親の言うことを聞いていた、何でも自分の気持ちを教えてくれた頃に戻ってほしい、という気持ちは、反抗期という現在の否定になります。昔を懐かしむのは親として自然な気持ちですし、懐かしむこと自体は悪いことではないのですが、それを「昔はあんなにかわいかったのに」「前のようないい子に戻れないの？」などと子どもに伝えることは、「現在のあなたは好ましくない」というメッセージになってしまいます。

反抗期の子どもたちの心はゆらいでいますから、「昔はあんなにいい子だったのに」と親に言われてしまうと、「うちの親はいい子にしか興味がないんだ」「こんな自分のことは嫌いなんだ」「つまり、自分は価値のない人間なんだ」と感じてしまうことにもなりかねません。

ではどうしたらよいのかと言うと、反抗期の位置づけに立ち返ればよいのです。反抗期は、子どもが大人になるために必要なプロセスです。そのプロセスを肯定するということは、だんだんと、子ども扱いから大人としての扱いに変えていくということなのです。

子どもが大きな音でうるさい（としか大人には思えない）音楽をかけたとしましょう。反抗期を肯定する、というのは、その音量にただ耐えるということではありません。また、小さな子どものように「そんなに大きな音をたててはいけません」と頭ごなしに叱ることでもありません。他の大人に対してと同じように対等に扱えばよいのです。自分の友人になら、「音楽の音が大きすぎて頭が痛いから、音を小さくしてもらえる？」と言うでしょう。こういう言い方をしたとき、反抗期であっても子どもは意外なほど素直に言うことを聞いてくれるものです。「そんなに大きな音をたててはいけません」と叱ると、親という権威に逆らおうと、音をもっと大きくするかもしれません。また、ただ放置しておくというのは、相手を人間として信頼していないことにもなりますし、「腫《は》れ物に触れるような扱い」を受けることは、誰にとってもけっして嬉しいことではありません。

非暴力コミュニケーション

反抗期の子どもへの話し方のポイントは、相手に評価を下すのではなく、自分の事情を話すことです。米国の心理学者マーシャル・B・ロゼンバーグが提唱している「非暴力コミュニケーション（Nonviolent Communication）」が参考になるでしょう。これは、「お前は音に無神経すぎる」とか「そのうるさい音楽は何だ」とか「お前には思いやりというものがない」などと相手に評価を下すような言い方ではなく、「○○が起こったとき（客観的な事実の説明）に、自分は××と感じた（自分の気持ち）。なぜならば、私は△△を求めているから（自分の要望）。だから、□□をしてもらえませんか？（具体的な依頼）」という話し方をする、というものです。

「あなたはいつも嘘ばかりつくのね」ではなく、「あなたが本当のことを言わなかったから、私は悲しかったわ。親としては信頼してもらいたいもの。これからは、いつも本当のことを言ってくれる？」という言い方をすれば、子どもの心にきちんと伝わって、次からは嘘をつかないようにしようと思うでしょう。「あなたはいつも嘘ばかりつくのね」と言われると、おそらく嘘はもっと増えることでしょう。

「塾をサボってばかりいると、ろくな人間にならないぞ」ではなく、「君が今日も塾に行かなかったと聞いて、心配しているんだ。自分が親として必要な教育をちゃんと与えられているか、確認しておきたいから、君が塾にあまり行かない理由を教えてくれないか？」という言い方をすれば、塾通いについて親子で実のある会話ができるでしょう。一方、「塾をサボってばかりいると、ろくな人間にならないぞ」と言われると、親のことがもっと嫌いになるでしょう。そして、こんな親が強制する塾なんて、行ってやるもんか、と思うかもしれません。

お気づきになったと思いますが、ここでお勧めしている言い方では、広い意味では親としての責任を果たしつつ、会話そのものは対等な人間同士のものになっています。親としての権威を振りかざして子どもに何かを強制したり、決めつけたりしてはいません。こういう会話を通して、子どもは、「昔とは違う自分」を親が肯定してくれていると感じ、不安を抱えながらも、親に支えられて、思春期を前に向かって進んでいこうと思うのです。反抗期を肯定するというのは、そういうことです。けっして、子どもの非行や迷惑行為を無条件に肯定するということではありません。困ったことには「困った」と言ってよいのです。

もちろん、そんな毎日の中で、子どもの努力に気づいたときには、相手の背丈が自分よりも大きくなっていようと、相手がどれほど恥ずかしがろうと、きちんとほめたり、スキンシップをとってあげたりしてください。これは親子である限り、子どもが何歳になっても変わらない原則です。

06 親の不安と過保護

A子さんの親は、A子さんが着る洋服からつきあう友だち、見るテレビ、読む本、すべてを決めてあげていました。失敗するとかわいそうだから、というのがその理由です。「正解」を知っている親が、失敗しないようにすべてを先回りして教えてくれるのです。

いつも親の目を基準にものごとを選んできたA子さんは、自分の判断基準を育てることができませんでした。ですから、自分は中身の空っぽなできそこないだと思っていて、自分がやりたいこともよくわからなくなってしまいました。そしてそんな中身のない自分を人が見破るのではないか、といつも不安なA子さんは、思春期に入って摂食障害になってしまいました。

「過保護」と「いい子」は要注意

子どもの自尊心を育てていくにあたって注意しなければならないのが「過保護」です。過保護というとまるで「大切にしすぎている」ように聞こえるかもしれませんが、実際はまったく逆で、A子さんの例からもわかるように、子どもが自尊心を育てる上ではマイナスにしかなりません。

過保護というのは、大人が先回りして「正解」を教えてあげたり、代わりにやってあげたりすることを言います。これは、子どものためにやっているように見えますが、実際は、大人が「子どもに任せておいたら失敗するのではないか」という自分の不安をコントロールできない結果として起こります。

子どもが自尊心を豊かに育てていくためには、きちんと試行錯誤をすることが必要です。試行錯誤をしないと、自分にそれなりの自信を持てるようにはなりません。ヨチヨチ歩きの子どもに対して、転んだらかわいそうだから、と転ぶ前にいつも抱っこばかりしていたら、いつまでたっても歩き方を覚えないし、転ぶのを避けるための筋力もつきません。心の成長についても同じことです。傷ついたらかわいそうだから、と傷つく前にいつも「正解」を与えてばかりいたら、強い心は育ちません。挫折に弱い、自尊心の低い人間になってしまいます。

子どもが失敗することに不安を覚えるのは、親としては当然の感情です。また、子どもの振る舞いが親である自分の評価につながるというふうにも考えがちです。A子さんの親もそうでした。子どもをほめられることは、自分がほめられることだったのです。これも結局は、「親としてどう評価されるか」という親の不安についての話です。

ですから、過保護にせずに試行錯誤できる空間を作ってあげるということは、大人自身の不安のコントロールに他ならないということになります。ちょっと心配だと思うような場合でもぐっとこらえて見守ることが必要なのです。明らかに援助が必要な一線を越えた場合には介入する必要がありますが、そうでない限りは、視野のすみで見てはいるけれども、基本的には見て見ぬ振りをするような態度をとることが、子どもの自尊心を育てるためには必要になります。つまり、「親がどれほど不安か」を基準に介入するのではなく、介入が子どもにとってどれほど必要かを判断の基準にするのです。「明らかに援助が必要な一線」というのは、病気として診断される状態になったり、取り返しがつかないような自己破壊的な行動をとったり、犯罪行為をしたときです。これらは子どもからの「助けて」という悲鳴です。それ以外は正常な思春期のゆらぎとして様子を見ていてもよいでしょう。

薬物依存の当事者団体によると、薬物に巻き込まれる子どもたちは、昔は七割方がいわゆる「不良少年」だったけれども、最近はいわゆる「いい子」として育った人たちが多くなっているそうです。この「いい子」というのが曲者です。「いい子」というのはあくまでも大人から見たときの「いい子」です。本人の側から見てみれば、要は試行錯誤をすることもできなかった、ということなのです。試行錯誤をすれば少々の悪さは必ずしますから、ずっと「いい子」でいるということはできません。「この子はずっといい子で、手がかからないのです」というケースはむしろ要注意でしょう。「いい子」を見たときには、「この子はちゃんと試行錯誤ができているのだろうか」「この子はいい子すぎるのではないだろうか」と考えてみることが、今の子育てでは特に重要です。

親の不安をコントロールする

親の不安のコントロールが課題になるのは、過保護だけではありません。

高校生のBさんは、友だち関係の悩みから不登校になってしまいました。学校に行かなければと思ってはいるのですが、どうしても行くことができないのです。本人はそのことでかなり悩んでいます。学校に行けない自分を落伍者のように感じ、こんなことでは将来どうなるのだろうか、と不安です。

ところが、Bさんはその不安を両親に話すことができません。なぜなら、両親が「学校に行かないと人生の落ちこぼれになるぞ」「何とかして行けないの？」と、自分たちの不安をBさんに押しつけてくるからです。

Bさんはただでさえ不安なのに、両親にその不安を煽られ、さらに、親から新たな悩みを植えつけられます。それは、「Bみたいな子どもがいて、自分たちには本当に迷惑だ」という親からのメッセージなのです。こういう重圧に耐えられなくなって、Bさんは、親が無理やり学校に行かせようとすると暴れるようになりました。その姿を見て、親は「ついに家庭内暴力まで始まった。この子はどうなるのだろうか？」と、ますます不安を募らせ、子どもにその不安を押しつけていきます。Bさんの不安と悩みはさらに深まり、事態はさらに悪化していきました。

高校生で膠原病《こうげんびょう》という難病の診断を受けたCさんも、親が「これからどうなるのだろう」と落ち込んでいるのを見て、強い罪悪感を抱きました。「親をこんなに悩ませる自分は、悪い子どもだ」と思ったのです。本当は自分自身が病気の診断に動揺したり悩んだりしたいのに、とてもそんな余裕はなく、「せめて勉強だけは」と無理して勉強に打ち込んだ結果、Cさんはうつ病になっていきました。

子どもが失敗をした場合も同じです。子どもはすでに自分を責めている場合が多いのです。受験に失敗したDさんも、死にたいくらいに落ち込み、期待してくれていた家族にも申し訳ないと思って帰宅しました。ところが、親はため息とともにDさんを迎え、「困ったわねえ。親戚に合わせる顔がないわ」と言いました。Dさんが自分を責めて自殺を図ったのも、理解できます。

人間にとって、どんな状態でも受け入れてもらえることほど強力な癒しはありません。無条件に受け入れてもらえると、やがて不安へのしがみつきをやめて、本来持っている健康な力を発揮し始めます。ところが、親が不安をコントロールできずにいると、子どもは無条件の受容を感じるどころか、自分の不安だけでなく親の不安まで引き受けなければならなくなり、とても心身が持たないのです。親が自分の不安をコントロールすることは、子どもに与えられる最高の贈り物の一つになります。

07 感情の扱い方を学ぶ

感情は、思春期における大きな課題の一つです。心と身体が大きく成長するこの時期には、どう扱ったらよいかわからない感情がいろいろとわき起こってきて、本人も圧倒されてしまうことが多々あります。また、思春期以降は、感情をうまく扱えないことが心の病につながることも増えてきます。感情の扱い方はそのまま対人関係に影響を与えますし、人生の質を左右すると言っても過言ではありません。

子どもたちに感情の扱い方を教えていくのは大人の大切な仕事です。感情の扱い方、というと、一般に、「怒りを感じても我慢しましょう」というようなタイプの感情コントロールがイメージされると思いますが、日頃から心を病んだ人たちを診ているとそのようなアプローチはけっしてプラスにならないということを痛感します。大切なのは、感情を自分のプラスになるように活用する方法を教えることです。

感情には役割があります。その状況が自分にとってどういう意味を持つものであるかを知らせてくれる役割です。たとえば、私たちは痛みを感じると、身体に害が及んでいることを知りますが、そのような身体の感覚と同様の機能を感情は持っています。私たちは、悲しみを感じるとき、自分が何かを失っていることを知ります。そして、不安を感じると、安全が確保されていないということがわかり、慎重になります。そして、怒りを感じるときには、その状況が自分にとってよくないということがわかるのです。

感情によってその状況の意味がわかれば、自分に何が起こっているのかを知ることができます。味わうべき感情は味わい、状況を変化させる必要があれば変えていくことができるのです。そのようにできれば、感情が本来の役割を果たしたと言えます。

もしも感情というものがなかったら、行き先に危険があるのにそのまま突っ込んでしまったり、自分の権利がひどく侵害されているのに何も感じないで放置したり、ということになりかねません。つまり、感情とは、痛みのような身体の感覚と同じく、本来は自分を守るための防御能力として人間に備わっているものだと言えます。このことを子どもが理解でき、自分の感情によく触れてみて、適切な形で生かせるように教えていくことが、大人の務めです。

ネガティブな感情を否定しない

感情の問題を抱えている人の育った環境を見ると、親が怒りなどのネガティブな感情について否定的だったという場合がほとんどです。怒りを感じるのは人間として弱い、あるいは未熟である証拠だというような刷り込みをされていて、自分自身もその価値観を引き継いでいます。ずっと感情を抑圧されてきたので、自分の感情を受け入れること自体が難しく、表現することなど考えられないのです。また、虐待されて育った人や、自分が正直に気持ちを言った結果不本意なことが起こった人にとっては、自分の感情を感じたり表現したりするのは「危険なこと」という位置づけになります。すると、自分がどんな感情を抱いているのかすらわからない、という人に育つこともあります。自分の感情を抑制するどころか、自分の感情に気づくことさえできなくなるのです。

実際には、怒りを感じるのは人間として未熟だということなどありません。人間としての成熟は、その怒りをどのように扱うか、というところに現れます。感情を本来の形で機能させるためには、誰かに対して怒りを感じたら、現在の状況がどのように不適切なのかということに気づき、それを是正するためには何ができるかということを冷静に考えていけばよいのです。自分が相手に何を期待していて、何が満たされていないから怒りを感じるのか、どういうふうにすればそのずれを埋めていくことができるのか、というようなことを相手と話しあっていくことができます。怒りを感じることと、それに基づいて他人を攻撃することとはまったく別のことです。もちろん攻撃も一つの選択肢には違いありませんが、相手とのずれを埋めるという目的を考えた場合には、有効とは言えないでしょう。

「モヤモヤしたネガティブな気持ちがあるが、それが何であるのかわからない」という状態は、心の病になる人や問題行動を起こす人に多く見られるものですし、思春期においては健康な人にも比較的よく見られます。正体がわからなければ解決方法もわからず、その怖さや不快さから逃れようとして、過食などの病的な症状や問題行動にしがみつくことも多いものです。しかし、それでは現実に何も解決しないだけでなく、問題行動や病気に対して周囲がネガティブな反応をすることが多いので、ますます「モヤモヤしたネガティブな気持ち」が増して、悪循環が続いていくことにもなりがちです。

怒りを爆発させるタイプの人もいます。一般に、そのような人に対しては「怒りを我慢するように」というアプローチがされることが多いのですが、怒りを爆発させるタイプの人も、怒りの適切な活用法を知らないという点では同じです。自分の怒りの表現がどのような結果につながっているかをよく理解し、怒りを状況改善のためにうまく活用することができるようになってくると、怒りをいたずらに爆発させることはなくなってきます。なお、ふだん怒りを抑制してため込んできた結果、突然怒りを爆発させてしまう人もいますので、そういう人には逆に怒りをため込まない方法を教えていく必要があります。

すべての「感情」は正しい

感情を扱っていく際に重要なのは、どんな感情であっても、本人が感じた以上は正しいという認識を持つことです。ある場面を実際に体験し、何かを感じるのは本人であり、本人には本人にしかわからない「文脈」があります。本人が何かを納得するのも、その文脈の中でのことですし、心の病になったり、問題行動へと走ったりするのも、その文脈においてなのです。ですから、周りから見てその感情が不適切だということを指摘しても、何の意味もありません。

たとえば、誰かが「何だかかゆい」と言ったら、なぜかゆいのか、その原因を調べようと思うでしょう。「ここでかゆいと感じるのは不適切だ」とは言わないでしょう。感情の場合もまったく同じです。単に、その状況の意味を教えてくれるためのものなのですから、それ自体が不適切だということはないのです。感情は肯定されて初めて、それを活用して前向きに進むことができます。

なお、思春期は、本来感情とのつきあいが難しい時期ですし、言葉もスムーズに出てこない時期です。「どんな気持ち？」と聞いても答えられない場合が多いと思います。そんなときには、「感じてもよいネガティブな気持ち」を教えてあげてもよいでしょう。たとえば、「先生にお前は人間のくずだと言われた」と子どもが言ったら、「えー、そんなことを言われたら、普通は頭に来るよね」「自分だったら落ち込んじゃうね」と言ってあげると、それがきっかけになって自分の感情に触れることができるようになる子もいます。

08 不安の上手な扱い方

前章で、感情には役割があり、ネガティブな感情も当然のものとして認めて扱う方法を思春期から学んでいきたいものだということをお話ししました。

本章では、特に、不安という感情に注目してみます。なぜなら、思春期はさまざまな不安のときであると同時に、不安を主症状とした病気も始まりやすい時期だからです。

不安も、ちゃんとした役割のある感情です。それは、「安全を確保する」という役割です。たとえば、夜中にライトも持たずに山の中を歩くことを考えてみてください。ものすごく不安になって、一歩一歩足下を確認しながら進むか、あるいは、不安のあまり立ちすくんでしまうでしょう。これは、結果として自分を守ることになります。真っ暗な中、山道をすたすたと歩いていったら、本当に命に関わることになりかねないからです。

そのように、不安は本来健全で役に立つ感情なのですが、不安が強まりすぎると不安障害をはじめとする病気になります。不安は他の感情に比べると「強まりすぎる」という現象が起こりやすいものです。なぜなら、不安になって「〇〇したらどうしよう」などと考えていると、その考えが次の不安を呼び、さらに不安になるということもありますし、不安になったときにドキドキするなどという身体の反応によって、ますます不安が呼び起こされることもあるからです。

ここでは、不安が本来の「安全を確保すること」という役割を果たせるよう、そして不安が強まりすぎて心の病気につながったりしないよう、基本的な扱い方を整理しておきましょう。

「解決すべき不安」と「感じるしかない不安」

不安には、「解決すべき不安」と「感じるしかない不安」があります。

たとえば、「あの人は私の言ったことを誤解したのではないか?」と思うととても不安になります。「自分の言ったことをきちんと理解して受け入れてくれた」という安全が確保されていないからです。

このようなときには、相手に確認してみることで安全を確保することができます。「私はこういうつもりで言ったのだけれど、そう受け取ってもらえたでしょうか」と確認すればよいのです。この時点で、「相手がどう受け止めたか」という「未知」のものが「既知」のものに変わりますので、不安は解消されます。また、このコミュニケーションによって相手とのずれも埋まります。単に自分の不安が解消されたということにとどまらず、不安を活用して対人関係を改善させることができたということになるわけです。

しかし、すべての不安が、そのように解決できるわけではありません。たとえば、新しい学校に入るようなときには、どれほど準備をしても不安をゼロにすることはできないでしょう。新しい学校は未知のものですから、準備でカバーできる領域は限られていて、あとは、そのときになってみないとわからないことが残るからです。

そのような不安は、感じるしかない不安だということになります。そういうときに、「こんなに不安で大丈夫だろうか?」と気にしてしまうと、さらに不安になり、いろいろと考えているうちに、もっと不安になってくるという悪循環に陥ってしまいます。

感じるしかない不安への対処としては、不安であることを「当然のこと」として受け入れるのが一番です。単に、「新しい学校に入るのだから、不安なのは当たり前」と考えれば、それ以上の意味はなくなり、悪循環から抜け出して、本来の不安のレベルに収めることができます。

「気にしないようにする」という対処法も軽い不安には有効ですが、不安がある程度以上強い場合には逆効果になります。なぜなら、「気にしないようにしよう」と思っても結局不安が出てきてしまい、不安にますます目が向いてしまうからです。「まだこんなに不安だ」と思うと、それ自体が不安になります。不安になっている子どもには「気にするな」とハッパをかけるよりも、「こんなときは誰でも不安になるよね」と共感してあげたほうが、はるかに不安を乗り越えやすくなります。

不安な時期には無理をしない

もう一つ大切なことですが、たとえ当たり前のことだとしても、不安を感じるのはストレスです。つまり、不安がある時期には、それだけ心身に負担がかかっているわけですから、無理をしないことが鉄則なのです。いろいろなことをやりすぎず、むしろ控えめにして、その結果に対してもふだんより大目に見る必要があります。

これは、案外抜け落ちてしまう視点です。不安に駆られているときには、「不安を解消する」というところにばかり目が向いてしまい、逆に心身共にふだんよりも動き回ってしまいがちなのです。新しい学校に入るというような変化の時期はただでさえいろいろとストレスの高まる時期です。それなのに、さらに自分で負荷をかけてしまうので、結果として心身が受け取るストレスの量は相当なものになり、心の病の発症につながることさえあるのです。ですから、不安なときほど、無理をしないで「自分に甘くする」ことが必要なのです。それは心の健康に貢献するだけではなく、そのくらい余裕を持って暮らせていれば、新しい生活の中で困ったことが起きても、なんとか対応していくことができるでしょう。

また、「感じるしかない不安」を抱えている時期には、身近な人たちのサポートも必要です。新しい学校に入るときに、周囲が期待して次々とプレッシャーをかけてくることが不安を強めるということがよくあるからです。ですから、周りの人たちに、自分が今どういう不安を抱えていて、何に気をつけて生活しているのか、その上でどういう協力をしてほしいのかを伝えて、理解したり共感したりしてもらうことが必要です。これは、不安を和らげるだけでなく、対人関係の質を向上させることにもなるでしょう。感情を打ち明けあったときに人は最もつながりを感じるからです。また、「よかれと思ってやっているのに」という「ずれ」を生まずにすみます。

そして、そのように対人関係の質をよくしておけば、実際に困ったことになっても協力は容易に得られるでしょう。そのためにも、不安を自分一人で抱え込んで何とかするのではなく、自分の状況を身近な人に説明したり相談したりすることの価値を教えてあげたいものです。子どもにそう教えるためには、大人自身が、自分の不安について同じように対処している姿を見せることが大切です。つまり、自分の不安を当然のこととして認め、それを抱え込まずに人に相談したりしながら乗り越える姿を子どもに示すことで、子どもは多くを学ぶことができます。

09 コミュニケーション力は一生の財産

私は対人関係療法という治療法を専門にしています。対人関係療法は、うつ病、摂食障害（過食症など）、不安障害などに効果があることが科学的に証明されている治療法で、あらゆる年齢層に用いられますが、特に思春期の人たちが抱える問題にぴったり合うことが知られています。

これまで精神科医として多くの患者さんを治療してきましたが、その結論として言えることの一つが、「コミュニケーション力は人間の心の健康を大きく左右する」ということです。

心の病気の「原因」は複雑で、単純な議論をすることはできませんが、少なくとも

「発症」のポイントを見ると、何らかの対人関係のストレスを背景に病気が始まることがほとんどです。

対人関係のストレスを決めるのは、相手への「期待」と「コミュニケーション」です。たとえば、やってほしいことをやってくれない、やってほしくないことをされてしまう、という場合にストレスが起こってきます。そのときには自分の「期待」が現実的なものであるかを検討することも大切なのですが、それ以上に重要なのはコミュニケーションがとれているかという点です。

コミュニケーションが貧弱だと、期待そのものは適切なものであっても、問題が起こってきます。反対に、コミュニケーションがとれていれば、お互いへの期待がかなりずれていても、コミュニケーションによってその溝を埋めていくことができます。

コミュニケーションの力は、日々のコミュニケーションの中で身についていくものです。貧弱なコミュニケーション・パターンの人に聞いてみれば、自分の家族もそうだった、と答えるものです。あるいは、意見を一方的に押しつけられて育った人は、自己表現をしてもよいということすら知らない場合があります。虐待されて育った人は、自分の気持ちを表現することを「危険なこと」と感じています。

問題行動の背景にあるもの

思春期の子どもたちに関して、周りが「問題」と感じるものは、実はその多くがコミュニケーション不全を背景にしています。外に向かう問題行動にしても、自分で自分を追い込んで病気になってしまう場合にしても、自分のストレスを言語的に表現できないために、問題行動や病気を通して訴えていると思えるケースがとても多いのです。

ところが、大人の側がそれをよく理解しておかないと、事態はますますおかしな方向に進んでしまいます。たとえば、親からの過干渉に「ノー」と言えないことが積み重なって拒食症になったという場合、治療のためには、適切な方法で「ノー」と言って親子の新しい関係を築いていくことが必要なのですが、ガリガリにやせたわが子を見ると親は「死なせてはいけない」とますます干渉を強めます。いつまでも拒食症が治らずにいる人は、だいたいこの悪循環に陥っているものです。

あるいは、親から否定ばかりされて育ち、「もっと自分を認めてほしい」という感情が爆発して暴力をふるった場合、本当は受け入れられて認められることでしかこの感情は解決しないのですが、周りは「暴力」に目を奪われて、ますます本人を否定してしまう、ということになります。非行が長引くのも、「認めてほしい」「こんな非行少年は認められない」という期待のズレが悪循環になっていることが多いのです。

子どもの問題を読み解いていく場合には、表面的な出来事に振り回されずに、「この子はこの行動を通して何が言いたいのだろうか？」ということをじっくりと考えていく必要があります。もちろん、子どもたちは意識して問題行動を起こしたり、病気になったりするわけではありません。自分でも、なぜそんなことになってしまうのかわからないところが問題なのです。

注目すべきポイントは、感情の表現です。第7章でお話ししたように、感情は、自分を守るために備わった力の一つと言えます。たとえば、相手が自分の足を踏んでいるという場合、その不愉快さを伝えて、「足をどけてもらえませんか」と言えば、相手は足を踏んでいることに気づき、足をどけてくれることでしょう。ところが、何らかの理由でそれができない場合、感情は蓄積され、あるレベルに達すると不自然な形で爆発します。それが内側に向かえば心を病むわけですし、外側に向かえば他人を傷つけるというような形にもなります。本来状況を変えるためのメッセージであったはずの怒りが、自分や他人を傷つけ、「足が踏まれている」という状況が改善されないどころか、もっと困ったことになってしまうのです。

「キレる」子どもたち

「キレる」子どもたちに社会の注目が集まったことがあります。「キレる」というのは、『広辞苑 第六版』（岩波書店）によると、「我慢が限界に達し、理性的な対応ができなくなる」こととされています。キレる子どもたちを見ていると、きっかけは教師のちょっとした誤解だったり、無視だったり、まさに「些細なこと」です。なぜこんなことでキレるのだろう、と不思議に思うのも無理はありません。

しかし、表現されなかった感情が積もり積もった結果、一触即発の「前ギレ状態」にあるのだとすれば、最後のきっかけはどんなにつまらないことでもおかしくないのです。

今の子どもたちは我慢をため込む「心の容量」が小さくなっているために、すぐに限界に達してキレるのだと言われています。

ところが、実際にキレる子どもたちとつきあいながら考えてみると、子どもたちの「心の容量」が小さいだけでなく、慢性的に「前ギレ状態」にあって、常に「心の容量」が一杯に近い状態なのではないかという気がしてなりません。

つまり、言いたいことを言わずに飲み込み続けて、怒りを次々とため込んでは飽和状態まで膨らませているのではないかと思うのです。「前ギレ状態」というのは、一見普通の状態に見えますから、「普通の子」が突然キレた、という印象を与えるのだと思います。

「心の容量」そのものも小さくなっているという傾向もたしかにあるようですが、これは、他人をどれだけ信頼できるかということに関わってきます。たとえば、トラウマ（心の傷）を受けた人の症状として「キレやすさ」が見られることも多いのですが、虐待などによって傷ついてきた人は、「傷つけられるのではないか」と感じると、ちょっとした刺激でもそれを猛然と排除しようとして「キレて」しまいます。他人は自分を傷つける存在だと思い込んでいれば、「心の容量」など育つわけがないのです。

質のよいコミュニケーションの習慣を作るということは、その場その場で自分を守っていくことになると同時に、他人と心から向きあうことによって人間を見る目を深く優しくしていくということにもなります。乏しいコミュニケーションの中で育った人は、どうしても他人を決めつけがちになってしまうものです。この決めつけがちな姿勢は、さまざまな人間関係のトラブルや心の病につながっていきます。

次章では具体的なコミュニケーションのポイントを説明します。

10 大人のコミュニケーションから見直す

コミュニケーションを通して気持ちを表現していくことがいかに重要かを前章でお話ししましたが、実際にどういう点に注目していったらよいのでしょうか。

まず、大人のコミュニケーションから見直していく必要があります。どのようなコミュニケーションを多用する環境で育ったかということが、子どものコミュニケーション・パターンをかなりの程度決めるからです。これは当たり前の話で、日本語を話す家庭で育った子どもが日本語を話すようになるのと同じことです。

言いにくい内容の伝え方

コミュニケーションには、言葉を使うもの（言語コミュニケーション）と言葉を使わないもの（非言語コミュニケーション）があります。

言葉を使わないコミュニケーションとしては、ため息をつく、にらむ、舌打ちをする、などといったものがありますが、その他、暴力をふるったり自殺のそぶりを見せたりするのも一種のコミュニケーションです。

言葉を使わないコミュニケーションの問題は何でしょうか。

たとえば、夫が家事を手伝わないことに腹を立てている共働きの妻が、ため息をつき、機嫌の悪そうな顔をしてガチャガチャと音を立てながらお皿を洗っているとします。

このとき、夫に伝わることは何かというと、せいぜい、「なんとなく不機嫌そうな雰囲気」でしょう。夫は、「体調でも悪いのだろうか」と考えるかもしれないし、「更年期障害だろうか」と思うかもしれません。あるいは、「うちの妻はどうしていつも機嫌が悪いんだろう。どこかしら人間的な問題があるにちがいない」とさえ思うかもしれません。ひょっとすると、晩酌をしながらテレビで野球を見ている夫は、妻が不機嫌そうであることにすら気づいていない可能性もあります。

いずれにしても、本当は夫に食器を洗ってほしいのだということが伝わる確率はきわめて低いでしょう。なぜなら、言葉で伝えていないからです。

妻がどれほど不機嫌そうにため息をついてガチャガチャお皿を洗っても夫はのんびりと野球を見続けている、という状況は、さらなる悪い事態につながりこそすれ、事態の解決にはとても至りません。

では、言葉を使えばよいのでしょうか。

妻が「あなたはいいわよねえ、のんびり野球なんか見ていて」と言ったとしたら、どうでしょうか。

夫は「そんなに見たいのなら自分も見ればいいじゃないか」と言うかもしれません。「いやな上司を我慢して一日働いてきたんだから、野球くらい自由に見させてくれよ」と思うかもしれません。「妻は自分のやることなすことケチをつける」と、うんざりするかもしれません。

ここでも、本当は夫に食器を洗ってほしいのだということが伝わる確率はきわめて低いでしょう。なぜなら、そう伝えていないからです。

つまり、相手に何かをしてほしければ、そのとおりに言うしかないのです。「仕事で疲れているときに、家事を自分一人でやるのはあまりにも大変だわ。野球が終わった後でもいいから、食器を洗ってくれない？」と言えばよいのです。こういうふうに言えば、100パーセントの確率で言いたいことが伝わるでしょう。

最も高い確率で伝わるコミュニケーション方法は、直接的な言葉で伝えることです。これは言いにくい内容のことを伝える場合には特に重要です。誤解されることでずれが広がって関係が決定的に損なわれることもあるからです。でも、私たちは言いにくい内容のときほど、「気を遣って」直接的なコミュニケーションを避けがちです。それで事態がさらにおかしなことになるのです。

もちろん、言葉を使わないコミュニケーションにも利点はあります。特に赤ちゃんや低年齢の子どもには重要な手段です。また、相手が思春期の子どもであっても、ここぞというときには抱きしめて愛情を伝えることも効果的です。つまり、言葉を使わないコミュニケーションというのは、そのほうが効果的である場合にこそ使うべきものであって、言葉を使うコミュニケーションから逃げるための手段ではない、と言えます。

自分の言いたいことが伝わったと思い込まない

ため息をつき不機嫌そうな顔をしてガチャガチャと食器を洗っている妻の心の中では、夫への怒りが膨れ上がっています。そして、その結論は「夫は私のことなんてどうでもいいんだ」「夫は思いやりがない」というようなところにまで達するものです。こういうパターンでは、家事の負担という単純なストレスよりも、夫への怒りや不満というストレスのほうが大きいということも珍しくありません。

そもそもやってほしいことが伝わっていないということはすでに述べましたが、妻は「夫はわかっている」という前提で考えているので、「夫は私のことなんてどうでもいいんだ」「夫は思いやりがない」という結論に達するのです。つまり、本当は伝わっていないのに伝わっていると思い込んでしまっているのです。

これもよく見られるコミュニケーションの問題です。自分の言いたいことが相手に伝わっているのかを確認しないで、「こんなに疲れている私が家事をしているのに、夫は……」という具合になってしまうのです。でも、「私がこんなに疲れて家事をしている」という部分が伝わっていないことが多いのですから、夫が期待どおりの反応をしてくれないのも仕方のないことです。

相手はわかっているはずだ、と決めつける前に、もう一度確認してみましょう。本当に、自分の言いたいことが、そのままの内容で伝わっているのでしょうか。自分はどういう伝え方をしたのでしょうか。自分を振り返るとともに、相手にも聞いてみましょう。「私の言いたいことをどういうふうに理解している？」と聞くのです。「わかっているから大丈夫」と言われても、「どういうふうにわかっているのか、自分の言葉で言ってみて」と確認すれば、コミュニケーションが深まるでしょう。

相手の言ったことを理解したと思い込まない

相手のメッセージが不明瞭な場合、特にそれが批判的な内容に聞こえる場合、私たちは確認もしないで「責められた」「傷つけられた」と思い込むことが多いものです。

実際に確認してみると、50パーセントくらいの確率で、実は批判ではなかったりします。私の患者さんは「君は精神年齢が低いね」と言われてひどく落ち込みそうになりましたが、この原則を思い出し、勇気を奮い起こして「それって私が未熟だっていうこと？」と聞いたところ、「何言っているんだよ。気持ちが若いっていうのはいいことじゃないか」と言われたそうです。

確認してみてもやはり批判だということもあります。でも、そのときは、批判のポイントを絞っていけばよいのです。「君はどうしようもないね」と人格を否定されると最もこたえます。でも、「悪いところは直したいので教えてほしいのですが、どの部分がどうしようもないと思われたのでしょうか」というふうに確認していけば、最後は「今後は遅刻しないように」というような、簡単に改善できる（あるいはほとんど気にならない）点まで集約していくことができるでしょう。批判のポイントが限定されていればいるほど、耐えやすくなります。また、このようなやりとりの間に相手の怒りも収まることが多いものです。

11

コミュニケーションを断たないためのコツ

心の健康を考える上でコミュニケーションがいかに大切かということをお伝えしてまいりましたが、最も注意しなければならないコミュニケーション・パターンは「沈黙」です。

日本では「沈黙は金」などと言われますので、沈黙の持つ破壊的な可能性にはなかなか目が向けられませんが、日頃臨床の中で患者さんのコミュニケーション分析をしていると、沈黙がいかに人間関係を損ねるかがよくわかります。

沈黙の最大の問題点は、コミュニケーションが断たれることです。黙っていると、一体何を言いたいのか、そもそも何かを言いたいのかどうかすらわかりません。一見、怒鳴る人よりも黙ってしまう人のほうがましに見えますが、コミュニケーションという観点からは、怒鳴る人のほうがまだわかりやすいのです。少なくとも怒っているということだけは伝わりますし、相手に何かを伝えようとする姿勢が感じられるからです（もちろん怒鳴り声そのものの暴力性という問題はありますが）。

コミュニケーションの中で沈黙してしまう人は案外多いものです。だいたいが「こんなことを言ったら相手に悪いから」とか「こんなことを言ったらどう思われるかわからないから」とか「どうせ言っても聞いてくれないから」といったような理由によるものです。

さらに、沈黙が何かを語ってくれることを期待している人も多く、「黙ったんだから怒っていることがわかるはず」などと思っている人もいます。

もちろん、言わなければ理解されることはありません。超能力者ではないのですから、心を読むことを期待しても不可能なのです。あいまいな言い方では誤解されるということを前章でお話ししましたが、言葉に出さないのならなおさらです。実際に、沈黙をきっかけにコミュニケーションが終わることも多いのですが、その場合、黙ったほうは「相手はわかってくれない」と不満が残り、相手は問題があったことに気づいてすらいないというパターンが多く見られます。このパターンは繰り返せば繰り返すほどズレが広がりますので、関係に致命的な問題を起こすようにさえなります。最初は「相手に悪いから……」と思って黙っていたはずが、直接言うよりもずっと関係を損ねることになるのです。

思春期の子どもたちによい手本を示そうと思ったら、沈黙だけは避けたほうがよいでしょう。お互いに納得のいく結論が出るまで、コミュニケーションを打ち切らずに話を続けるのです。時間的に難しければ、「この話は明日続けよう」「続きは日曜日に」というふうに、コミュニケーションがまだ終わっていないことを明らかにします。しばらく時間をおきたければ「少し考えさせて」と沈黙の意味を説明しておきましょう。

押しつけないコミュニケーションとは

感情をきちんと表現して理解される、共感される、というのは子どもにとって計り知れないほど価値を持つ体験になります。その成功体験を積み重ねていけば、感情を表現しながら人とのつながりを深めていけるようになります。

ただ、思春期の子どもたちに「感情を表現することが大切」とお説教しても、なかなか話してくれるものではありません。「何でも話していいよ」と言っておいたとしても、どうしても大人とは話しにくいということがあるのです。

仮に大人が対等な会話のつもりで自分の意見を言ったとしても、子どもは「押しつけ」ととることがあります。大人と子どもということで最初から力関係に差がありますし、思春期の、特にいろいろな問題を抱えている子どもたちは口下手です。自分の思うところを理路整然と喋ることもできません。大人にはどうせ言っても聞いてもらえないと長い間思い込んでいるので、なかなか話す気にもなれません。そういうときに弁が立つ大人から意見を言われてしまうと、「押しつけ」と受け取りがちです。意見を押しつけられたと思うと、子どもたちは黙ってしまいます。

こんなときの一つの工夫は、コメントをする時には必ず質問の形で聞くということです。「私は違うと思うけれどもどう思う?」「僕の考えはこうだよ。君はどう考える?」というふうに最後を質問の形にすると、「もう一言返してよい」というメッセージになります。そうやって話をつないでいくと、会話に慣れていない子どももだんだんと話ができるようになってきます。

アドバイスをしない

子どもが何かを言ったときには、まずそれを受け止めることが大切です。すぐに意見を返してしまうと子どもは聴いてもらったという感じがしません。そして「どうせ聴いてもらえない」「いつもお説教ばかり」と、だんだん話をしなくなってしまうのです。

子どもが話しているときには、まず、話が終わるまでよく聴き、「ふうん、大変だったんだね」とか「それは辛いね」と、ただ相手の気持ちを受け止めます。あるいは、「なるほど、君はそう思うんだね」というように相手の考え方を尊重していることを表現します。その上で、自分が言いたいことを言えばよいのです。

ところが、実際には、相手が話している最中から「いや、それは」とか「でも」「だから」と話に割り込んでしまう人が多いものです。子どものとらえ方を修正したり、自分の立場を正当化したりしたくなるのです。でも、実際に子どもが体験したことは子どもにとっての現実です。子どもが「辛い」と感じたとしたら、それは子どもにとっての現実なのです。それを、「でも、ものごとはもっと前向きにとらえなきゃ」などとすぐに返してしまうと、子どもが感じた現実に関心を示していないということになります。

そういう大人に子どもは心を開かなくなっていきます。まずは子どもが辛いと感じたというスタートラインに一緒に立って、そこから考えていくという姿勢を持つことが必要です。

また、すぐに問題を解決しようとする姿勢も、かえって聴くことを妨害します。大人も子どもも、ただ自分の気持ちを聴いてほしいだけというときがあります。自分一人で抱えておくには辛すぎる感情でも、人に聴いてもらうと楽になります。そういうときには、ただ聴いてもらえればよいのです。

ところが、大人は「相手の問題を解決してあげなければ」と考えてしまい、「それはこうしたらいいんだよ」というようなアドバイスを簡単にしてしまいます。アドバイスというのは案外問題のある代物です。見当違いなアドバイスをすることも問題ですが、多くのアドバイスは、実は本人が「そんなの言われなくてもわかっている」と思うようなもので、それができないから困っているのです。自分の考え方は後ろ向きだと思って悩んでいる人が、「もっと前向きに考えなきゃ」とアドバイスされると、できない自分をさらに責められたように感じます。それよりも、「できないのは辛いよね」というふうにただ共感してもらうほうがずっと安心しますし、実際に変化を起こしていくためのエネルギーにもなるのです。

12 自分の「気持ち」を話す

心の健康を考える上でコミュニケーションがいかに大切かということをお伝えしてきました。大人が非言語的コミュニケーション（ため息、舌打ち、暴力）や間接的な言語的コミュニケーション（いやみ、遠まわしな言い方）に頼ったり、不満なときには沈黙したりして、「自分が言いたいことはわかっているはずだろう」という態度で子どもと接していくと、その子は同じようなコミュニケーションをするようになりますし、相手の顔色ばかり読むような人間に育ちます。顔色を読むことのどこがいけないのか、と思うかもしれませんが、人の顔色ばかり読んでいると主体性のない、自尊心が低い人になってしまいますし、「相手の言うことがわかったという思い込み」につながり、結局はコミュニケーションのズレを大きくしていってしまいます。

これは昨今の「空気を読む」ことを重視する風潮とも関係してきます。「空気を読む」ことを前提とした人間関係では、コミュニケーションが萎縮してしまい、のびのびと振る舞うことができず自尊心が低下してしまいます。「空気を読む」力よりもコミュニケーション力のほうが重要だということを成長過程で教えていくことが必要です。ですから、大人がまず直接的な言葉で話す習慣を示さなければなりません。

直接的な言葉でばかり話していたら、「きつい言い方」になってしまうのではないか、とか、角が立って相手との関係が損なわれてしまうのではないか、と心配になるでしょうか。非言語的コミュニケーションや間接的な言い回しというのは、相手との関係を損ねないための生活の知恵であるはずだ、と思うかもしれません。

また、前章でお話ししたように、思春期の子どもと話すためには配慮が必要です。ちょっとしたアドバイスを「押しつけ」と感じて、コミュニケーションが断絶しやすいからです。そんなときに直接的な言葉で話をして大丈夫なのだろうか、と思うかもしれません。

答えは、どちらも「心配ありません」。直接的な言葉で話すときのポイントは、「気持ちを話す」ことです。

「評価」ではなく「気持ち」を話す

不登校で悩んでいる高校生のE子さんは、祖母から「自分の孫が学校に行けないなんて、情けなくて……。おばあちゃんは心配で寿命が縮んでしまうよ」と言われました。E子さんは沈黙し、それ以降祖母と会う機会を避けています。祖母はE子さんのことを「難しい年頃だ」とますます心配していますが、自分の発言に問題があったことには気づいていません。

E子さんに、祖母にそう言われたときの気持ちを聞くと、「私だって、学校に行けない自分のことを情けなく思っている。ああ、おばあちゃんもそう思っているのだな、と考えたらつらくなった。それがおばあちゃんの寿命を縮めてしまう、なんて言われると、自分がすごく悪いことをしているように思うし、早く何とかしなければ、と焦って、ますます自分が情けなくなる」ということでした。

そんなE子さんに、「もしおばあちゃんに言葉で言うとしたら、どういう言い方になりますか？」と聞くと、ちょっと考えてから、「おばあちゃんはうるさい。おせっかいに口を出さないで」と答えました。そして、「こんなこと言ったらおばあちゃんは傷ついてしまう。だから、言えない」と言うのです。

もちろん、このような言い方では、祖母は傷ついてしまうでしょう。とても攻撃的な言い方だからです。でも、「おばあちゃんはうるさい。おせっかいに口を出さないで」というのは、E子さんにとって本当に正直なコミュニケーションでしょうか？ E子さんが最初に話した「気持ち」を見てください。

「私だって、学校に行けない自分のことを情けなく思っている。ああ、おばあちゃんもそう思っているのだな、と考えたらつらくなった。それがおばあちゃんの寿命を縮めてしまう、なんて言われると、自分がすごく悪いことをしているように思うし、早く何とかしなければ、と焦って、ますます自分が情けなくなる」と言っていますよね。このとおりに言えば、祖母も傷つくどころか「焦らなくていいんだよ」などとE子さんを安心させてくれるのではないでしょうか。

E子さんが提案した言い方「おばあちゃんはうるさい。おせっかいに口を出さないで」というのは、実はE子さんの気持ちではなく、おばあちゃんに対する評価なのです。「うるさい」とか「おせっかい」と決めつけているだけです。

一方、本当の「気持ち」は、「学校に行けない自分のことを情けなく思っている」とか「つらくなった」とか「自分がすごく悪いことをしているように思う」とか「焦って、ますます自分が情けなくなる」ということなのです。

相手を傷つけるのは、直接的な言い方だからではなく、相手についての評価を下しているからなのです。自分の気持ちを話している限り、どれほど直接的な表現をしても誰も傷つきません。というよりも、自分の気持ちを話そうとしたら、直接的な表現しかできないものでしょう。

でも、E子さんの祖母も気持ちを話したのではないか、と思われますか。「自分の孫が学校に行けないなんて、情けなくて……。おばあちゃんは心配で寿命が縮んでしまうよ」というのは、たしかに、一見気持ちを話しているようです。でも実際には、「E子が学校に行けないのは情けないことだ」「E子はおばあちゃんの寿命を縮めるようなことをしている」という評価を下しているのです。E子さんがつらい気持ちになるのも当たり前でしょう。

「気持ち」を話すことの力

私の臨床経験からは、気持ちを話すということについては、女性よりも男性のほうに苦手な人が多いと実感しています。「気持ちを話すこと」は「弱音を吐くこと」だというふうに育てられることが多いからでしょう。気持ちを話せない人は、相手に評価を下してみたり、一般論を述べたりしがちです。

「娘さんがそうおっしゃったときに、どう感じましたか？」と聞いても、「わがままだと思いましたね」と答えたりします。「わがままだと思いました」というのは、気持ちではありません。あくまでも相手についての評価です。

あるいは、「娘さんがそうおっしゃったときに、どう感じましたか？」と聞かれて、「私は最近のこういう子どもたちの態度がよくわからないんですがね、いったい……」というふうに一般論にしてしまう人もいます。もちろんこれも気持ちではありません。

理屈や価値観では大人と子どもは立場が違いますが、気持ちであれば人間である限り理解可能です。「お前はわがままだ」と言われていたときには反抗の限りを尽くしていた子どもが、「自分がだめな父親で、お前の人生を台無しにしているんじゃないかと思うと、不安なんだよ」と気持ちを打ち明けられたとたんに協力的になることもあります。あるいは、「いや、お父さんはやるべきことをよくやっていると思うよ」と、問題は自分のほうにあることを素直に認めて、初めて父親に相談をする子どももいます。大人が自分の気持ちを話すことにはとても大きな力があるのです。

13 しつけのコツは「一貫性」

コミュニケーションを断絶させずに、双方向のコミュニケーションをするためには、大人の意見を押しつけず、子どもが何でも話せる安全な環境を作ることが重要だとお伝えしてきました。でも、こういう考え方に抵抗のある大人も多いようです。

双方向のコミュニケーションを避けたがる大人たちの中には「対等にコミュニケーションしてしまうと、大人の権威が損なわれ、しつけができないのではないか」ということを懸念しているケースも少なくありません。実際はまったく反対で、説明もせずに感情的に自分の意見を押しつけてくる大人を子どもはけっして尊敬しません。また、コミュニケーションを丁寧に行うことは、有効なしつけにもつながります。しつけというのは、感情的な意見の押しつけではなく、自らの生活の知恵を子どもに伝承していくことです。

やりとりをしているうちに、「だめだと言ったらだめなんです！」と感情的になってしまうようなときには、自分の中でもまだよく理解できていない要素があると考えたほうがよいでしょう。説明できないことを強要するのは、まさに「意見の押しつけ」です。十分な言葉で納得させながら学ばせていくことが必要ですし、子どもに「どうして？」と聞かれて答えられないときには、無理に押しつけるのではなく、「そういえば、どうしてだろう？　何か考えつく？」「一緒に調べてみよう」というように、子どもとともに学ぶ機会に変えていけばよいのです。こうしてコミュニケーションが豊かになっていきます。

子どもは、押しつけられると抵抗しますが、潔く負けを認めた大人には親切です。「そういえば、どうしてだろう？」と言った大人に対して、答えを一緒に考えてくれることもあれば、「バカだなあ。世の中ではそういうことになっているんだろ。そういうのを常識っていうんだ」と、さっさと抵抗をやめてくれることもあります。

子どもにとって安全な環境とは

しつけに関しては、もう一つ、重要な課題があります。実は「しつけをきちんとすること」と「子どもにとって安全な環境を作ること」はけっして矛盾することではありません。

子どもにとっての「安全な環境」のポイントの一つは、間違いなく、ありのままの自分を受け止めてもらえることです。そのための工夫は今までに述べてきました。

二つめのポイントは「一貫性」です。虐待事件で逮捕される親は往々にして「しつけのつもりでやった」と言いますが、しつけと虐待の境界線ははっきりしています。その手段が暴力的かどうかということももちろんありますが、より本質的な違いは、子どもから見て一貫性があるかどうかという点です。

虐待の場合、ものさしは大人の機嫌次第で変わります。同じことをしても、暴力的に怒られることもあれば、まったくお咎めなしということもある、というのでは、子どもは混乱するばかりです。そこから学ぶことは、「良識」とか「常識」といったものではなく、単に相手の顔色を読むことや、主体性のなさです。思春期に心の病気になる人には、このような家庭環境が多く見られます。

一方、しつけの場合、ものさしは子どもの側の言動にあります。同じことをすれば、大人の機嫌がどうであれ、いつも同じように注意されるのです。どれほど大人の機嫌がよくても許されないことは許されないし、どれほど大人の機嫌が悪くても、やってよいとされていることはやってよいのです。こういう環境であれば、子どもは、安定した情緒と主体的な価値観を育てていくことができます。

「安全な環境」の二つめのポイントは、この「一貫性」にあります。自分が何を言っても、とにかく大人は聴いてくれる。そして、大人の意見に納得できなければ、反論を聴いてくれる。大人がどこかで突然キレることもなく、自分が続ける限りコミュニケーションが続く、という一貫性が、子どものコミュニケーション力を育てるためにはとても重要です。

キレる子どもへの対応

子どものありのままを受け入れることと、一貫性のある対応をすることのバランスを理解していただくために、たとえば、キレる子どもへの対応を考えてみましょう。

キレる子どもはコミュニケーション障害として位置づけられるというお話を前にしました。何らかの事情でコミュニケーションの中で感情を表現していくことができないため、ため込まれた感情が爆発するのが「キレる」という現象です。

キレる子どもたちに対処するためには、「性格の問題」「危険な人間」など決めつけるのではなく、「キレる」ことがコミュニケーションとして効果的でないことを子どもたちに認識させることが重要です。キレる子どもたちは、「キレる自分は嫌われている。どうせそのことに文句を言われるに違いない」と思っています。ですから、キレたことそのものについてとやかく言われていると感じると、「やっぱり」とさらにキレてしまうのです。そうではなく、伝え方こそきわめて拙かったけれどもきっと何か伝えたいことがあったのだろう、という前提に立って、本当は何を伝えたかったのか、いったいどうしたかったのか、ということをよく聴き、キレたことで、相手には結局何が伝わったのか、ということを話しあい、「キレる」というコミュニケーションの効率の悪さを認識させて、もっと効果的なコミュニケーション方法を一緒に考えていく姿勢が役に立つのです。これは新しい考え方を学ぶプロセスでもありますが、この話しあいの過程で、子どもの気持ちをじっくり聴いてあげることにも大きな意味があります。

キレることが常態化している子どもに対してはプラスアルファの対応が必要です。人間はひとたびキレてしまうと、次からはもっとキレやすくなるからです。最初の「キレる」体験は、たまりにたまったストレスがついに爆発した、という場合が多いのですが、次からはそれほど辛抱をしなくてもキレてしまうようになり、回数を重ねるにつれて、同情すべき要素はどんどん減ってくるように思います。だんだんと「ストレス表現のためにキレる」というよりは「キレるためにキレる」という感じになってくるのです。

これは、アルコール依存症などと似た構造だと言えます。最初は本当にストレス解消の手段として酒に頼っていたのが、だんだんと「飲むために飲む」ようになっていきます。そして、いつしか、本来のストレスからは遠くかけ離れてしまうのです。キレることについても同じで、「キレる依存症」のようになってしまう人たちはいます。

キレることが常態化している子どもたちに対しては、「人への暴力は絶対禁止」などの厳しい制限を課しつつ、同時に、悩んでいる子どもの心そのものを受け止めていきます。くれぐれも、「ストレスがたまっているのだからキレるのも当然」という具合にそれを正当化してはいけません。「ストレスがたまっているのはわかる。ストレスを減らすようにいくらでも協力しよう。でも、暴力はいけない」というように、二つの問題を切り離して示さなければなりません。

ここでも重要なのは一貫性なのです。子どもに、ある程度余裕のある合理的な枠をはめていくことは、子どもにとって安全な環境を作ります。子どもがキレるたびにオタオタして怒ってみたり、おだててみたり、と対応を変えることは、一貫性を欠いてしまい、「キレる」問題の解決から遠ざかってしまうことになります。

14

大人の「ものさし」が歪むとき

前章でお話しした「一貫性」というのは、一つの体系を示すことであり、子どもに一つのものさしを与えるということです。

ところが、子どもたちの心の問題に関わっていると、大人の側のものさしが狂っていると思わずにいられないような例に多く出会います。たとえば、覚醒剤をやっている子どもが、「これがないと勉強できない」と言ったときに、あろうことか、まあ受験生だからと、ついつい許してしまう親がいます。

勉強はいくらでも取り返しがつきますし、受験に成功するだけが人生ではありません。でも薬物依存というのは問題の次元が違います。明らかに、許される試行錯誤の枠外にあります。やれば本人が必ず苦しむことになりますし、周りの人も大変なことになります。そして、それ以上に問題なのは、「薬物使用を認める」ということは、「自分を大切にしなくてよいということを認める」ことに他ならないという点なのです。「薬物がないと勉強できない」と言う子どもに「それじゃあ、しょうがない」と言うということは、「あなたよりも学歴のほうが大切」というメッセージを発することになってしまいます。

一見子どもの言うことを尊重しているようですが、実際には正反対なのです。「覚醒剤がないと勉強できない」という子どもがいたら、「覚醒剤は自分を傷つけることになるから、絶対に認められない。覚醒剤を使うくらいなら、勉強なんてしなくてもよい」というものさしをまずははっきりさせた上で、「でも、どうしてそこまで追い詰められてしまったのか、一緒に考えてみよう」と歩み寄ってあげるのが最もよいでしょう。「勉強なんてしなくてもよい」と言い切ったままにしてしまうと、子どもは「お前は勉強することもふさわしくない、だめな人間だ」というメッセージとして受け取ってしまいかねないからです。ものさしを示すときにも、もう一つの軸である「子どものありのままを受け止める」ということを忘れてはならないのです。「覚醒剤を使ってでも勉強する」という考え方はきっぱりと否定しても、「覚醒剤を使ってでも勉強しなければ、という追い詰められた子どもの気持ち」はきちんと受け止めるということです。

子どもを救う一言

大人のものさしが歪んでしまうのは、往々にして「世間体」「不安」が原因になっています。「周りの子はみんな……なのに」とか「こんなことを世間の人はどう思うだろうか」という心配が吹き出してくると、ものさしが歪んでしまい、「とりあえずの安心」を求めたくなるものです。でも、子どもに問題が起こっているときというのは、世間のものさしではうまくいかない場合が多いわけですし、危機の時はあらためて自分のものさしを子どもに伝えるチャンスですから、まずは自分の頭を整理して「子どもに何を伝えたいのか」「何を大切にして生きていってほしいか」を考える必要があります。

自分が危機的な状況だったときに、親の「生きていてくれるだけでいい」という一言で人生が救われた、という人はたくさんいます。危機的な状況に陥った子どもたちは、「親は勉強のできない自分なんていらないと思っているだろう」「親は自分を生んだことを後悔しているだろう」と本気で思っています。親から受け取るメッセージが混乱しているために、そういう結論に達せざるを得ないのです。そこに「生きていてくれるだけでいい」と言ってあげることは、愛情表現であると同時に、「命が何よりも大切」というものさしを子どもに示すことにもなるのです。これは明らかに子どもたちが自殺するリスクを減らすことになるでしょう。

大人のものさしをきちんと示すということは、どの領域でなら試行錯誤することが許されるのかを子どもが理解することにもつながります。この頃、「やってよいことと悪いことの区別がつかない子ども」が問題視されています。そういう子どもたちに、「これはやってはいけないことだ」と教えようとしても、あまりうまくいきません。中には何が悪いことかを教わったことがないという子どももいるのでしょうが、多くの子どもは、「いろいろと気にしなければならないことが多すぎて、どれが大切なのかがわからなくなっている」という状態のように思います。

そして、それがまさに大人のものさしの混乱の反映のように思えるのです。周りの人に言われたこと、頭に浮かんだ不安などに左右されて親のものさしが毎日変わってしまうのでは、子どもは「何が大切か」がわからなくなります。

以前、講演の参加者から、「たしかに挨拶は大切だと思うけれども、今の子は挨拶しても返ってこないから、挨拶する気もなくしてしまった」という意見が出たことがありました。そのように思ってしまうのは無理もないことではありますが、「子どもにものさしを示す」という教育的な要素を考えてみると、「挨拶は人間関係の基本であり、大切なものだ」ということを示したければ、子どもの反応がどうであれ、挨拶は続けたほうがよいのです。

「いつも自分に挨拶をしてくれた大人がいた」という記憶は、その子のものさしを作っていく上で重要なものになるでしょう。それをやめてしまうと、「挨拶なんていうのは嫌いな人に対してはしなくてもよいもの」という価値観が身についてしまうでしょうし、そんなときに「挨拶のできない人間はだめだ」などと言われると、子どもは混乱してしまったり、「大人は嘘つきだ」と認識したりします。

「よい厳しさ」とは

今の子どもの問題が議論されるときに「昔の大人は厳しかったからよかった」と言われることがあります。そこから、「子どもは殴って育てるべき」「子どもの言い分など聞くべきではない」などという議論が展開していくことがあります。

でも、この「厳しさ」をよくよく見てみると、それは「ものさしがしっかりしている」という意味なのです。妥協せずに自分のものさしを示していたところが評価されているのであり、どれほど暴力的な手段でそれを伝えたかが評価されているわけではありません。ものさしをしっかりさせることは、子どもの言い分を聞くことと十分両立できることです。また、不機嫌な顔をしたり乱暴な言葉や暴力を使ったりしなくても十分にできることなのです。さらに、ものさしをしっかりと示していくためには、子どもとじっくりとつきあう必要がありますので、「厳しくするためには冷たくしなければならない」などというのは、完全な誤解ということになります。

また、いろいろと気にしなければならないことが多すぎると、子どもは何が大切なのかわからなくなって混乱しますし、試行錯誤もできなくなってしまいますから、ものさしの目盛りはかなり大雑把に設定する必要があります。本当に大切なところだけ押さえれば、あとは好きなだけ試行錯誤してもらう、という態度が必要なのです。

15

「子どもから学ぶ」という姿勢

完璧な人間など存在しませんから、大人も子どもとのやりとりの中で失敗をすることがあります。特に子育ては試行錯誤の繰り返しですから、いろいろな失敗があるでしょう。

自分が失敗をしたとき、子どもの態度が優しければ、大人も比較的素直になることができます。でも、反抗期の子どもは、ここぞとばかりに大人を追い込んできたりするものです。冷静になれば自分が悪かったと思える親でも、いざ自分を責め立てる子どもに直面すると、なかなか素直になれずに意地を張ってしまい、後で後悔する、ということも少なくありません。

こういうときにそれぞれの心で何が起こっているのか、どうすればもっとうまく対応できるのか、ということを考えてみたいと思います。

間違いを認められない親

いろいろな人間関係において、「先生役」と「生徒役」があります。学校での本当の先生と生徒もそうですし、だいたいにおいて、立場が上の人や、サービス提供側の人は「先生役」をやっているものです。親子であれば親が「先生役」、子どもが「生徒役」です。

「先生役」というのは、「いつも正しくあることが期待されている役割」であると言えます。ところが、完璧な人間などいませんから、いつも正しくあることなど無理です。それなのに、「いつも正しくあること」を自らに課し続けていると、いろいろな歪みが出てきます。たとえば、自分の間違いを認めない、ということもあるでしょう。よく学校が「いじめはなかった」などというのもこれに当たります。完璧な学校などないのに、かたくなに自らの間違いを認めないのです。親子の間であれば、親が約束を守れなかったような場合に「そんな約束はしていない」などと言ったりします。

相手のせいにするというパターンもあります。「たしかにそうだったかもしれないけれども、それはあなたが○○だったから」という具合にです。いじめについて言えば、「たしかに人間関係のトラブルはあったようだが、それは本人に問題があったから」ということになりますし、親子の例で見れば「たしかに約束を守れなかったかもしれないけれど、それはもともとあなたが無理な約束をさせるから」ということになるでしょう。このときに、ついでに余計な話が出てくることも多いものです。「だいたいあなたは……」と、日ごろ不満に思っている別の話も始まってしまうのです。

子どもに対して素直になれないとき、というのは、これらのパターンのどれかに当たるでしょう。子どもの態度が悪いときのほうがこのようなパターンに陥りやすいのはなぜかと言うと、「先生」としての自分の立場が脅かされるように感じるからです。でも、実は「先生役」を自分の意思で降りることもできる、ということを子どもに示すのも親の重要な仕事なのです。

子どもに対して素直になるのがなぜ難しいかと言うと、「先生役」のままで失敗を認めようとするからです。「先生役」をやり続けながら自分の失敗を認めるのは大変な勇気と技術を要します。普通の親にはなかなかできないでしょう。でも、実は「先生役」をやめてしまえば難しいことではないのです。

時には大人も「生徒役」になる

子どもから学ぶという姿勢に転じて、「約束を守れなかった」というような状況では、「たしかにそうだね。ごめんね。約束は守れるようにしたいから、どういうふうに工夫できるか、一緒に考えてくれない？」と言えばよいのです。

子どもの言い方がきつすぎるのであれば、「そういう言い方だと感情的になってしまって冷静に聞けないの。もっとよく理解したいから、もうちょっと優しい言い方をしてくれない？」と言えばよいのです。これは、子どもに対して「もっとわかりやすい先生になって」と頼んでいるのと同じことです。親が「先生役」で居続けると、子どもがどんな言い方をしても理解するのが親の務めということになりますが、親が「生徒役」になってしまえば、わかりやすい言い方をすることが子どもの務めということになるのです。こういう言い方をすると、子どもは「まったく人間が小さいんだから」などとブツブツ言いながらも、驚くほど協力的になります。そもそも、「もっとよく理解したいから」と親から言われて嬉しくない子どもはいません。

「言い方を変えてくれ」といくら言っても子どもが変わってくれないというケースもあ

るでしょう。子どもが変わろうとしないのは、親がまだ「先生役」を続けているときだと考えられます。「先生」からの「要求」に聞こえてしまうと、反抗期の子どもは反抗するだけです。「おまえの言い方はわかりにくい。違う言い方をしろ」という言い方は「先生」の言い方です。「生徒」の言い方は、「そういう言い方だと私はわからないので、違う説明をしてくれない?」ということになります。前者では「子どもの言い方」に焦点があり、後者では「大人の理解の仕方」に焦点があるのです。

子どもがどんなに理不尽なことを言おうと、ただ聞いている親、というのも子どもをイライラさせます。なぜなら、「どんなひどいことを言われても我慢できる」というのは「先生」だからです。理不尽だと思ったら、「そこのところがわからないから、教えてくれる?」と教えを乞うほうがよいのです。

親が「生徒」になってしまうと秩序がなくなるのではないか、と思われるかもしれませんが、実際は逆です。子どもに「先生役」を頼むということは、子どもに自覚と責任感を持たせることになります。何でも親のせい(「先生」の教え方のせい)にするのではなく、人間関係には自分が負っている責任もある、ということを教える効果があります。こちらのほうが、ずっと教育的でしょう。また、いつも「正しい役」にしがみつくのではなく、必要なときには自分の意思で相手から学ぶという姿勢を親から学んでおけば、将来完璧主義という重荷で自分をつぶしてしまうこともなくなるでしょう。
実はこの「子どもから学ぶ」という姿勢は、子どもが失敗をしたときにも有効です。頭ごなしに叱っても、子どもの記憶には単に「叱られた」ということしか残りません。同じ間違いを繰り返さないためには、子どもはその間違いから十分に学ぶ必要があります。

そういうときには、まず、「どういうつもりでそれをやったのか」という子ども側の意図をよく聞いてみましょう。「この状況をよく理解したいから、どういうつもりでそれをやったのか教えてくれる？」と聞けばよいでしょう。子どもの説明の中で、「なるほど」と思うところが見つかれば（だいたいどこかしらは「なるほど」と思えるものです）、「なるほど」と言ってあげるとよいでしょう。

意図は適切でも、実際のやり方がずれているということなら、「意図したことと、実際に起こったことがどう違うか」ということを子どもに考えさせればよいでしょう。子どもに自分で考え、答えさせることがポイントです。そうすれば、子どもは「押しつけられたもの」という拒否反応を起こさずに、結論を自らの責任で受け入れていくようになります。

16

思春期の問題行動を「医学モデル」で考える

私が専門にしている対人関係療法は、「医学モデル」をとることが特徴です。たとえばうつ病の患者さんの「ネガティブ思考」を、「人格的な問題」ではなく単に「病気の症状」ととらえ、「病気が治れば病気の結果として起こっている問題も解決する」と考えます。「そんな表面的な考え方で人格的な成長があるのか」「何でも病気扱いか」という批判を受けそうですが、これはなかなか効果的な考え方です。なぜなら、特にうつ病のような病気では、本来病気の症状にすぎないことに対して、「自分が人間として出来損ないだからいけないのだ」というふうに思ってしまい、そのことが回復を妨げている、というケースがほとんどだからです。罪悪感が強いために、本来取り組むべきことに取り組めなくなってしまうのです。

見過ごされがちな思春期のうつ病

実際に、思春期の問題行動は、病気（たとえばうつ病）と関連していることがとても多いのです。うつ病による気力低下や自己不全感を何とか紛らそうとして薬物に手を出したり、種々の問題行動に手を染めたりする人も多いものです。特に思春期においては自らが病気であるという認識も持っていませんし（思春期のうつ病のほとんどが見過ごされているといってよいでしょう）、仲間から疎外されるという特有の不安も手伝い、薬物やアルコールに手をつけるなどの問題行動につながりやすいのです。

うつ病で気力や集中力が低下したために成績が落ちる、ということは非常によく見られることで、実際に、成績が急に落ちたような子がいたら、まずうつ病の可能性を考えたほうがいいくらいです。でも、周囲からは「やる気がないのか」「もっとがんばらないといい大学に入れないぞ」と叱咤激励され、自分でもどうしたらいいかわからなくなり、追い詰められて学校をドロップアウトする、というようなケースも多いのです。それが病気によるものだということが自分でもわかっていませんから、理論立てて言い返すことなどとてもできません。また、思春期のうつ病では、落ち込みよりもイライラのほうが目立ちやすく、それが周囲の大人の目には「反抗的」と映る場合もあります。

ここに「病気」という視点がないと、その子は単に「やる気のない子」「悪い子」「扱いの難しい子」ということになってしまいます。周囲に悪影響を与える子として排除されてしまうこともあります。そのことに対して本人が抱く感情は複雑です。もちろん怒りも感じるのですが、同時に罪悪感も強く抱きます。「そもそも自分の出来が悪いから」という結論に行き着いてしまうからです。自暴自棄になって問題行動を繰り返す子に特徴的なのが、そのような罪悪感であり、自己卑下です。「こんな自分なんてどうせ」と思うと、自分が社会から受け入れられる可能性を冷静に考えることができなくなり、さらなる問題行動につながるのです。

そのような罪悪感を軽減させる効果を持つのが「医学モデル」だと言えます。これは単なる方便ではなく、実際の治療経過を追ったデータにも基づいています。うつ病の間は「性格的に問題あり」と思われていた人が、うつ病が治ってみると驚くほど変化していることは珍しくありません。

病気の人の義務

そうは言っても問題行動は問題行動であり、医学モデルが免罪符となって甘やかすことにつながらないか、という心配を持つ方もおられるでしょう。これに対する答えは、「病者の役割」という考え方にあると思います。「病者の役割」は、タルコット・パーソンズというアメリカの社会学者が一九五一年に初めて提唱したものですが、人は単に病気という状態にあるのではなく、病人として社会の中で役割を持って生きているという考え方です。その役割の中には、「健康であれば義務となるであろうことが免除される」ということだけでなく、自分が病気であると認め、回復に向けて努力するという義務も含まれます。つまり、病気であれば何をしてもよいのではなく、病気の回復に向けて決められた努力をしなければならないということなのです。その「努力」には、自分の回復を援助してくれる人に協力するということも含まれます。

病気に伴って起こる問題行動についても、病気によるものとして扱うと、不要な自己批判を減らしていく効果がありますが、同時に、病気の回復に向けての努力を本人に義務づける効果もあるのです。

摂食障害と万引き

いろいろな問題行動の中でも、ここでは摂食障害（拒食症・過食症）の万引きについてお話ししましょう。拒食症の中でも、過食嘔吐を伴わない拒食症の方が万引きをするということはまず見られないのですが、過食症状のある摂食障害の方は万引きをすることがあります（もちろん、すべての患者さんではなく、私の経験からは、トラウマ体験のある人に見られることがほとんどです）。これは単に過食をする食費に困ってという側面もありますが、より本質的には、不安や罪悪感などの感情的な負荷が高まりすぎると解離状態（意識の連続性や統合性が何らかの形で絶たれてしまう状態）になってしまい、変質した意識状態の中で万引きをしてしまう、という場合がほとんどです。つまり、意図された行動ではなく本人にもコントロールできない症状の一部だと考えられるものが多いのです。

高校生のF子さんは、過食症状のある摂食障害でしたが、ある日警察に逮捕されたことをきっかけに、それまでにも食品の万引きを繰り返していたことが明らかになりました。警察での取り調べの様子を聞いてみると、F子さんは自分が病気であるということを警察に伝えていないことがわかりました。まだまだ万引きという行為を「病気の症状」として考えることができておらず、そういう説明をすることが「言い訳にすぎない」と思っていたのです。

F子さんには、万引きが摂食障害の人には広く見られる「症状」であること、F子さんの万引きは、家族に経済的な負担をかけたくないという罪悪感が背景にあると同時に、ストレスが非常に高まった状況で起こるというパターンが明らかであること、今から取り組んでいくのは、そういうストレス状況にもっとうまく対処することで解離状態になることを防ぎ万引きにまで至らないようにしていく治療なのだ、ということを説明しました。そして、「次に警察に行ったら、これが病気の症状であるということをきちんと説明してください。今まで効果が期待できる治療を受けたことがなく、今ようやくその治療が始まっているところですから、治療を続けるということを最優先に考える必要があります。そのためにできるあらゆることを一緒にしていきましょう」と伝えました。

ここでは、万引きを「症状」として扱うことで罪悪感を減じると同時に、「治療を続けることを最優先に考える」という義務を課していることになります。万引きを繰り返す自分を恥ずかしく思い、その日で治療もやめて自殺しようとまで思い詰めていたF子さんは、この対応によって治療を続けていこうという気持ちを持つことができました。何と言っても、自分の身に起こっていることに最も混乱して不安になっていたのは本人だったからです。これは万引きを正当化しているわけではなく、そのような問題行動をなくしていくための最も効果的な方法であると言ってよいでしょう。

17

思春期のうつ病

うつ病は現代社会の大きな問題です。世界保健機関（ＷＨＯ）の調査によれば、二〇二〇年には、日常において健康な生活を障害する疾患や事故のうち虚血性心疾患（狭心症や心筋梗塞など）に次いで世界で二番目に重大なものになると推測されています。うつ病は患者数が非常も多いというだけでなく、生活の質に大きなダメージを与えますし、症状の一つに「自殺」があるため、命にかかわる病気としても重要です。

かつては「子どものうつ病はない」などと言われていた時代もありましたが、最近の研究からは、思春期のうつ病の有病率は大人と同じくらい高く、思春期前の子どもにも、思春期ほど多くはありませんがうつ病が見られることが明らかになってきています。思春期のうつ病では、病気として認識されて正しく治療されるよりも、単に「難しい年頃だから」と片づけられていたり、うつ病に伴って現れる不登校や薬物乱用などの行動面から「問題児」として扱われていたりすることも多いのです。思春期のうつ病は自殺をするリスクも高く、きちんと対応しておかないと大人になってからも繰り返す、という点でも問題です。

まず、うつ病とはどんな病気なのかを説明しましょう。

うつ病とは何か

うつ病とは、簡単に言えば、心と身体のエネルギーが枯れ果ててしまった状態です。私たちが人間として健康に暮らしていくためにはある程度のエネルギーが必要ですが、そのエネルギーがなくなってしまうのです。

私たちは、普通の生活の中で「憂うつ」とか「落ち込み」といった気持ちを感じます。これは、生活の中でのさまざまな出来事に対する反応として起こってくるものです。第7章でお話ししたように、感情とは、自分が置かれている状況の意味を教えてくれるものとして、人間に生来備わっている力です。

日常生活の中で感じる「憂うつ」や「落ち込み」も、同様です。一般に、「憂うつ」

「落ち込み」という感情は、その状況が自分に好ましくないことや、休んだり自分を癒したりする必要性を教えてくれるものです。ところが、状況も変わらず、自分をいたわることもできずにいると、やがてエネルギーが枯れ果ててしまいます。感情は単なる状況への反応ではなくなり、エネルギーの枯渇を反映した「憂うつ」「落ち込み」という気分として長く続くことになります。これが、うつ病という病気です。

ひとたび病気になると、病気としての特徴がプラスされ、一時的な「憂うつ」「落ち込み」とは質的にも異なってきます。たとえば、不眠になったり、食欲が落ちたりと身体に大きな影響が出てきます。うつ病と言うと、心だけの病気のように思われるかもしれませんが、身体の症状も存在するのです。

つまり、基本的には、「憂うつ」「落ち込み」がそのままひどくなっていったものがうつ病であると言えるのですが、病気として成立した時点で、単なる「ひどい憂うつ」「ひどい落ち込み」ではないものになる、ということです。

うつ病の症状

うつ病の主な症状には次のようなものがあります。うつ病のタイプにもよりますが、基本的には複数の症状が二週間以上存在していると「うつ病」を考えることになります。

まず、「憂うつな気分」そして「喜びや興味の喪失」が中心的な症状です。このどちらかがないと、うつ病とは言えません。憂うつな気分を、大人はそのとおりに感じることが多いのですが、子どもの場合には、「イライラ」「不機嫌」として感じることも多いので要注意です。イライラしている子どもは、単なる「わがまま」「未熟」としてとらえられがちなのですが、それがうつ病という病気の一つの症状である可能性を忘れてはならないのです。同じく、喜びや興味の喪失も、大人なら「前は楽しかったことが楽しめない」というふうにきちんと語りますが、子どもの場合には単なる「退屈」として感じられている場合もあります。もともと大人との距離がある年齢ですから、身近な友人でなければその変化に気づけないこともあります。

身体の症状は、睡眠や食欲に現れます。明け方に目が覚めてそのまま眠れなくなるというタイプの不眠が典型的ですが、その他、寝つきが悪くなったり、睡眠が浅くなって夜中に何度も目が覚めたり、というタイプの不眠になる人もいます。その結果睡眠が不足しますし、うつ病の症状としての「身体の疲れ」もありますから、横になって過ごす時間が長くなる人もいます。この場合、「よく寝ているから大丈夫」「単にダラダラしているだけ」と思うのではなく、実際にどのくらいの睡眠がとれているのかを聞いてみる必要があるでしょう。

食欲にも影響が出てきます。食欲がなくなるのが典型的な症状です。食欲減退の程度がひどいと、大人の場合はやせてしまいますが、発育途上の子どもの場合には、本来見込まれる成長が見られない、ということもあります。

不眠になり食欲も落ちるのが典型的な症状ですが、「非定型うつ病」というタイプのうつ病になると、眠りすぎ・食べすぎという症状が出てきます。どちらの方向であっても、睡眠や食欲の変化は、病気の徴候として注意を向ける必要があります。

このほか、将来に対する絶望感が強くなったり、自己評価が低くなったりします。ものごとを全般にネガティブにとらえるようにもなります。自分の失敗についての罪悪感が強くなります。「すべては自分が悪い」「自分があんなことさえしなければ」というような考えも出てきます。また、勉強に集中するのが難しくなり、成績が下がったりします。これは、うつ病によって集中力や気力が低下するためです。やる気もなくなるし、義務感から無理にやろうとしても、集中できず、頭に入ってこない、ということになります。うつ病は記憶力を害するものではないのですが、当事者にとっては「頭が悪くなった」「物覚えが悪くなった」というふうに感じられます。中には、涙もろくなるという人もいます。ちょっとしたことで泣いたり感情的になったりする場合にも、注意が必要です。

そして、何と言っても、「死にたい気持ち」は重要な症状です。これは、「死んでしまったほうが楽だろうな」と漠然と考えるレベルから、実際に自殺を図る、というところまで、人によって程度はさまざまですが、思春期のうつ病の場合には大人のうつ病に比べて、自殺を図るリスクがはるかに高いことが知られています。その中には、「自殺を図れば大人に気づいてもらえるのではないか」というメッセージが含まれたものもありますが、いずれにしても致命的になりかねないものです。

自殺を意図したものではなくても、自傷行為も多くみられます。手首など、身体のいろいろな部分を故意に傷つけます。また、不特定多数の異性と性的関係を持つなど、性的逸脱行為が見られることもあります。これは、うつという苦しい波に流されていく中で、少しでも楽になりたいという思いで行われることもありますし、「だめな自分」にお似合いの罰として行われることもあります。

思春期うつ病の特徴

うつ病について正しい知識を持っておくことは、これだけうつ病の蔓延する現代社会においては必須のことになってきました。なぜなら、うつ病という病気に対しては、常識的な善意が逆効果になってしまうからです。私たちは普通、元気のない人を見ると「元気を出して」「がんばって」と声をかけます。また、「気分転換になれば」と、楽しいところに連れ出したりします。健康な人がちょっと落ち込んでいるくらいであれば、こういう対応はプラスになることもあります。でも、うつ病という病気になってしまうと、かえってマイナスになるのです。

うつ病の人は、基本的にエネルギーが不足していますから、気分転換以前に、何かをするだけで疲れてしまいます。「気分転換ができるほどのエネルギーもない」と言えるでしょう。

また、うつ病のときには自己評価が低くなっていますから、「がんばって」と言われると、「やはり自分のがんばりが足りないからこんな事態を招いたのだ」と思ってしまいます。そして、「こんな自分は何をやってもだめだから、死ぬしかない」というふうに思い詰めてしまうのです。

特に思春期のうつ病の症状は、「怠け」「やる気のなさ」「わがまま」「甘え」「素行の悪さ」などと見えてしまうことが多いため、周囲から厳しいことを言われることも多く、本人も自分が病気であることなどわかりませんから、言葉通りに受け取ってしまうのです。たとえば、肉親の死や離婚などがきっかけとなってうつ病になっている場合、よく周囲が言ってしまうのが、「お父さんの分もがんばって」とか、「これからはあなたがしっかりしてお母さんを支えないとね」ということです。子どもの素行が悪ければ「天国のお母さんがそんなあなたを見たら悲しむでしょう」「離婚した家の子どもはだめだ、と言われないようにがんばりなさい」などと言ってしまう人もいます。このような、子どものためを思って言ったはずの言葉が子どもを深く傷つけ、うつ病を悪化させる場合があるということも、頭に置いておく必要があります。子ども本人はすでに十分自分を責めており、周りからかける言葉が追い討ちをかけることになるからです。

症状としてよく現れてくるのは、将来に絶望する、勉強に集中できない、成績が低下する、涙もろくなる、自己評価が下がる、気力ややる気が低下する、罪悪感を抱く、死んでしまいたいと思う、リストカットなどで実際に自分を傷つけようとする、などです。先ほども書いたように、落ち込みよりもイライラを感じることが多いというのも思春期うつ病の特徴の一つです。すべての人にすべての症状が見られるわけではなく、人によって、また、重症度によって異なります。

成績が悪くなったり、学校を休みがちになったり、不登校になったり、というときには、うつ病の可能性を考えましょう。うつ病になると集中力ややる気がなくなるため、しっかり勉強したりそれまでの成績を維持したりすることが難しくなります。病気のためにそういう状態になっているのだということがわからなければ、「自分はだめだ」という気持ちがさらに強まり、病気をさらにこじらせることになってしまいます。

また、思春期というのは、さまざまな試行錯誤の中で自己を確立する時期です。いろいろな挫折もあり、それに対して折りあいをつけていくのも発達上重要な課題です。そのときに、病気による挫折を「病気によるもの」として区別していくことができないと、自己評価が全体的に低下してしまい、「自分は何をやってもだめな人間だ」という意識につながり、それからの人生の基盤がもろくなってしまいかねません。

思春期うつ病の治療

思春期のうつ病については、その特徴についても治療についても、大人のうつ病ほどにはまだ明確になっていない部分もありますが、治療の過程で発育途上の子どもの柔軟性を感じることはたくさんあります。たとえば、思春期のうつ病の場合、外部からの刺激に対して大人よりも反応しやすいことが知られています。抗うつ薬の効果を調べるために、「偽薬」と比較する研究を行っても、「偽薬」も案外効いてしまうので差がはっきり出ないということもあります。新しいタイプの抗うつ薬は効果が報告されていますが、抗うつ薬を使用するかどうかは、精神科医などの専門家とよく相談して判断すべきです。精神療法としては、対人関係療法と認知行動療法の効果が実証されていますが、残念ながらどちらもまだ日本で十分に普及している治療法とは言えません。

治療については専門家と相談しながら進めていただきたいのですが、思春期の患者さんの場合、単に「病気を治す」ということ以上に必要な配慮があります。それは、発達途上にある子どものための環境を整えるということです。

もちろん、親は重要な役割を果たします。小児・思春期のうつ病の研究で共通して報告されているのは、家庭に温かみが欠け、親が怒りっぽく、すぐに罰する傾向があるということです。親がうつ病だと子どもがうつ病になるリスクが高まるというのは事実ですが、それが遺伝なのか、環境によるものなのかははっきりしていません。しかし、親のうつ病を治すと子どものうつ病にもよい影響を与える、というデータも最近出ています。

学校や地域との連携も必要になります。その際、前章でご説明した「病者の役割」を与えるということが重要です。病気であるということは単なる状態ではなく、「病気を持った人」という役割を社会の中で果たしているということです。健康な人であれば何事にも手を抜かないということが役割になるかもしれませんが（実はそういう考え方も問題なのですが）、うつ病の人は、できるだけ手を抜いて休むことが役割になります。また、治療を受けてできるだけ早く病気を治すことも役割になるでしょう。

「病者の役割」という考え方は、うつ病の治療においてとても重要なものですが、思春期の場合には、その適用の仕方に配慮が必要です。たとえば、大人のうつ病であれば、休むためには休職という形をとることも珍しくありません。思春期のうつ病の場合も、いじめなど深刻な問題が学校にあるのであれば学校を休むという選択肢もありますが、そうでない場合、できるだけ通学は続けてもらいます。学校を休むということには、発達上のさまざまなデメリットがあるからです。通学を続けながら、たとえば成績が下がることや課外活動に参加できないこと、宿題が十分にできないことなどを「病者の役割」として考えてもらうようにします。自分は出来が悪いからできないのではなく、病気だからできないのだ、と知ることが必要なのです。

うつ病になってしまうと、症状の一つとして自己評価の低下が起こってきます。子どもの場合、「これは病気のためであって、自分は悪くない」ということを本人が100パーセント認識することは無理なのですが、だからこそ、周りが「これは病気のために起こっていることで、あなたが怠けているわけではない」というメッセージを意識して送ってあげることが必要です。

「双極性障害」の可能性

思春期のように若い年齢で発症するうつ病の中には、「双極性障害（いわゆる「躁うつ病」）」と呼ばれる病気であるケースもあります。双極性障害というのは、「うつ」だけでなく経過の中で「躁」や「軽躁」（気分が高揚し、頭の回転が速くなり、意欲や活動性も増す状態）という波も出てくる病気で、いわゆる「うつ病」とは別の病気になります。「躁」のときには激しい症状が出ますのでわかるのですが、「軽躁」の場合は、ちょっと元気になる、頭の回転が速くなる、という程度なので、見逃されることも多いものです。ずっと「うつ病」として扱われていた人が、十年以上もたってから双極性障害と診断されることもあります。

双極性障害の場合は、用いる薬もうつ病とは異なりますし、「うつ」や「躁」が再発することが基本の病気なので、再発を防止するため、病気について正しく学ぶことがとても重要になります。ですから、双極性障害という診断をできるだけ早くつけてもらうことはとても意味があります。若い年齢で「うつ」を繰り返すようでしたら双極性障害の可能性もありますので、いずれにしても専門家に相談したほうがよいと思います。

18

対人関係ストレスへの対処

人間は社会的な生き物であって、周りの人間関係にいろいろな影響を受けています。特に現代社会では、何らかの対人関係ストレスを感じながら生きている人は多いものです。思春期においては、なおさらそうでしょう。友人関係でのストレスもあるでしょうし、「将来の進路」というようなことを考える上でも、親や教師、周囲の期待など、対人関係抜きには語れないものだからです。

対人関係のストレスがあるときに、私たちはだいたい「相手が○○な人だから」とか「自分がだめだから」というように、相手や自分に評価を下しがちです。すると、相手や自分への不満ばかりが募り、絶望的になることも多いものです。

私が専門としている対人関係療法では、対人関係のストレスを「役割期待のずれ」として見ていきます。そうすることで、絶望的と思えるような行き詰まりを対処可能な問題に変えることができます。

自分が相手に期待していること

私たちは、あらゆる人に何らかの役割を期待しています。たとえば、道ですれ違う知らない人に対してでさえ、「知らない人」という役割を期待しているのです。ですから、もしもその人が馴れ馴れしく話しかけてきたら、不快感を覚えることでしょう。なぜなら、自分が期待していた「知らない人」という役割とは違うことをされてしまったからです。反対に、親しい人には「親しげに振る舞う」という役割を期待しています。ですから、道ですれ違ったのに無視されてしまうと悲しくなるのです。

こうして見ていくと、あらゆる対人関係ストレスを、「自分が期待していた役割をやってくれなかった」「自分がやりたくない役割を相手が自分に期待した」ととらえることができます。ですから、まずは自分が相手に何を期待しているのか、ということを整理するところから始める必要があります。たとえば、部屋を片づけない子どもに対して怒ってしまうときに、「どうしてあなたはいつもそうだらしがないの！　そんなことではろくな大人になれないわよ」とか、「あなたと一緒に暮らしていると頭がおかしくなりそうだわ」と、つい言ってしまうことがあります。こういう言い方がよい結果を生まないことは経験的にも明らかで、子どもの自尊心を傷つけ、反抗心をかき立て、最終的には同じようなコミュニケーションをする人間に育ててしまいかねません。

こういうときに、自分は子どもに何を期待しているのかを考えてみましょう。なぜ、自分は部屋を片づけてほしいのか。たとえば、共有のスペースを散らかしているのであれば、「快適な環境作りに協力してほしい」ということを期待しているのかもしれません。では、子どもが自分の部屋を散らかしている、という場合はどうでしょうか。「片づける」ことで、どのような役割を期待しているのでしょうか。自立心を養ってほしいのでしょうか。あるいは、「散らかり方」について常識的な感覚を持ってほしいのでしょうか。

それぞれの場合によって、伝え方は変わってくるでしょう。「ここはあなたの家でもあるけれど、私の家でもあるの。快適に暮らしたいから、せめて共有スペースは片づけてちょうだい」と頼んでもいいし、「あなたはこの部屋が散らかっているって、気づいている？」と、聞いてみてもよいでしょう。自立心を養ってほしいのなら、「こんなに散らかっていると見つけたいものも見つからないと思うけど、あなたのプライバシーを尊重することも大切だと思うからあえて手は出さないからね。片づけ方がわからないのなら聞いてね」と言っておいてもよいでしょう。要は、相手に何を期待しているのかさえはっきりすれば、それを伝えればいいわけです。

相手が自分に期待していること

では、相手はこちらにどんな役割を期待しているのでしょうか。これは、相手の話をよく聞いてみないとわかりません。思春期の子どもには、自分の期待を整理してきちんと伝えるという役割をまだ期待すべきではないでしょう。「その練習を手伝っていく」という意識を持つことが大切です。

部屋を片づけない、ということについて、もしも子どもが「うるさいんだよ、放っておいてくれよ」と言ったとします。そうしたら、「自分の部屋は自分の領域だから干渉しないでほしい、ということ?」と明確化してあげましょう。「今は忙しいから片づけられないんだよ。後でやるよ」と言ったとしたら、「そうね、今片づけてほしいというのはこちらの事情だから、あなたの事情も考えてほしいということなのね」と明確化します。「後で」がクセになっていて、一度も実現したことがない、というケースであれば、「あなたはいつも『後で』と言うけれども片づけたことがないわよね。本当は、違うことが言いたいんじゃないの?」というふうに聞いてみてもよいでしょう。

一般に、思春期の子どもが大人に期待する役割は、「少し距離を持って見守っていてほしい」「自分のやり方を、大人としてだんだんと尊重していってほしい」というものです。同時に、「困ったときは助けてほしい」という子どもとして当たり前の期待も持っています。相手が何を期待しているのかがわからなくなってしまったら、この範囲で考えてみるとヒントが得られるかもしれません。

期待の「ずれ」を調整する

さて、それぞれの期待が明らかになったら、後は調整です。たとえば、大人が子どもに「いつまでも親の干渉を100パーセント受け入れること」という役割を期待していたとしたら、それはやはり不適切で子どもの成長を阻害することになりますから、年齢にあった干渉の仕方を話しあっていくことになります。「あなたはお母さんの言うとおりにやっていればいいのよ!」「親に言い返すなんて、親不孝者!」と何気なく言っている人は案外多いのですが、そこに込められている役割期待が「いつまでも親の干渉を100パーセント受け入れること」というふうに明確にされると、それがいかに不適切なものであるかがわかるでしょう。「役割期待」というものの見方は、私たちを客観的にしてくれることが多いものです。

「役割期待」という観点から考えると、それが果たして現実的に可能なものなのかどうかという客観的なものの見方もできます。よくあるのが、「何度も同じことを言わせないで」という不満です。でも、人間にはいろいろなタイプがあって、一度言われたら絶対に忘れない人と、その都度言われないと忘れてしまう人がいるのです。後者のような人に「何度も同じことを言わせないで」と不満を持つということは、忘れっぽい人に「一度言われたら絶対に忘れない」という役割を期待している、という意味になります。それは実現不可能なことですから、せめて、「言われれば快くやる」というくらいの期待に修正したほうがよさそうです。

お互いの期待を伝えるのが、コミュニケーションの仕事です。コミュニケーションの重要性はこれまでにもお話ししてきましたが、役割期待の調整役という重責を担っているのですから、当然ですね。

19 役割が変化するとき

私たちはいろいろな役割を担って生きています。

思春期の子どもの場合、たとえば「(親子における)子ども」、「孫」、「きょうだい」、「子どもから大人に移り変わる時期にある人間」、「学生」、「○○くんの友だち」、「サッカー部の部員」、「××町の住民」、「健康な人」、その他、実にさまざまな役割を担っています。これらの役割がどの程度うまくいっているかが、その人の心の状態をかなりの程度決めることになります。

このような役割が変化する時期が、人生にはしばしばあります。学校関係で言えば、中学に入学する(小学生から中学生への役割の変化)、不登校になる(学校に行くことのできた学生から行くことのできない学生への変化)、受験期に入る(受験のことを考えなくてよい学生から受験を中心にした学生への変化。この時期には通常、クラブ活動における役割の変化も伴う）、転校する（ある学校の学生から別の学校の学生へ）、などが大きな変化の時期になります。家庭環境で言えば、家族の病気、親の離婚、転居、家の経済的事情の変化などが大きな変化の時期になるでしょう。

ほとんどの変化がそれ自体はよいものでも悪いものでもなく、プラスの面とマイナスの面があります。ところが、私たちは一般に、役割の変化に際して、古い役割を美化し、新しい役割を難しく感じるという傾向があります。望ましい変化の場合であっても、変化はストレスになり得ます。たとえば、受験で志望校に合格した、という場合、受験に成功したというところだけを見れば「おめでたいこと」なのですが、役割の変化として見るとストレスはいくらでも見つかるでしょう。

役割の変化にうまく適応できないと、病気になることさえあります。実際に、思春期に心の病になる多くの例で、きっかけとなる「役割の変化」を見つけることができます。そうは言っても、多くの「役割の変化」は正常なものであり、避けることもできなければ、避けるべきでもないでしょう。ですから、人生で「役割の変化」は必ず起こることを前提に、どうすれば乗り越えやすくなるのかを考えていきましょう。

支えてくれる人たちの存在

役割の変化を難しくすることの一つに、「親しい人たちとの別れ」があります。人間は、日々の心の健康を親しい人たちに支えてもらっています。気にかけてもらったり、愚痴や悩み事を聞いてもらったり、という何気ないやりとりが、人の心を大きく支えているのです。

役割が変化しても支える人たちがそのまま残っていてくれれば、大きく調子を崩す可能性はぐっと減ります。反対に、支え手を失うような「役割の変化」は要注意です。たとえば、親の転勤で遠くに転居するケースなどでは、幼なじみや親戚など、その土地に関連していたすべての人たちを置いてくることになってしまいます。あるいは、受験をして私立校に入った、というようなときには、小さい頃からよく知っている近所の同級生との親しい関係を失うことになります。

支え手を失うというのは、物理的な問題だけではありません。親の離婚など、自分に何か特殊な事情が生じてしまうと、それまでは何でも話しあうことのできた友だちとも、「もう自分は他の子とは違う」と思って話さなくなってしまうことがあるのです。特に、子どもは「かわいそう」という目で見られるのが嫌いです。自分が同情されそうな状況では、自分の悩みを話さずに強がって生きるようになります。こうなると、物理的には近くにいても、親しい支え手を結果として失うことになるのです。役割の変化に伴って親しい支え手を失ってしまっている場合には、今まで支えてくれていた人との関係を何らかの形で取り戻せないかを考えたり、新しい環境の中での支え手を探していったりすることが必要です。

悲哀のプロセス

私たちは大切な人やものを失うと、悲しくなります。これは人間としてごく自然なことです。何かを失ったときには、最初は「まさか」と現実を否認するような気持ちが働き、その後、現実に直面して深く悲しんだり絶望したりし、やがて喪失を受け入れて人生の次のステップに進む、というような一連のプロセスを踏みます。この「悲哀のプロセス」というのは、人間の心を健康に保つためにとても大切なものです。「悲哀のプロセス」が途中で止まってしまうと、古い役割ときちんと別れることができず、新しい役割にも入れなくなります。処理されなかった悲しみの感情は蓄積されて、やがてうつ病などの病気につながっていきます。

役割の変化の場合にも、古い役割に対して、この「悲哀のプロセス」を踏んでいないことが問題となるケースがあります。特に、変化が突然のことであったり、くよくよすることが許されないような環境であったりする場合には、自分の悲しみを見つめて「悲哀のプロセス」を完了することができません。たとえば、急に親の転勤が決まり、転校することになった、というようなときに、古い環境を懐かしんでグズグズ言っていると親がイライラして「そんなことよりも新しい学校になじむほうが先でしょ」などとハッパをかけてしまうような場合もそうです。あるいは、先ほど述べた離婚のケースのように、元気なふりをしてしまうような場合にも、ゆっくり昔を懐かしんで悲しむことなどできません。

そもそも、「悲哀のプロセス」をきちんと通り抜けるためには、一般に、支えてくれる親しい人が必要です。自分の悲しい気持ちを聞いてくれる人、受け入れてくれる人が必要なのです。それを聞いてあげるべき親が、自分自身の「役割の変化」に圧倒されてしまい、「そんなことよりも」と言ってしまうと、子どもたちを追い込んでしまうのです。

変化に伴う感情を受け入れる

一般に変化には「不安」という感情が伴うものですが、その変化が予期していないものであったり、希望していなかったり、タイミングが悪かった場合などには、さまざまな感情が起こってきます。典型的なのは「なんでこんなことになってしまったのだろう」という怒りでしょう。だいたいの場合は、ぶつけどころのない怒りです。

こういう感情にふたをしてしまうと、やはり蓄積されてしまい、新しい役割にスムーズに入れなくなってしまいます。

転勤について子どもの機嫌が悪いと、親はついつい「怒ったってしょうがないでしょ」と言ってしまいます。しかし、「怒ったってしょうがない」ことを誰よりもよくわかっているのは、実は子ども自身です。それでも、急な環境の変化に対して怒りを感じてしまうのは、自然な感情なのです。そのような感情を抑え込んでしまうと、新しい役割に対して前向きになれないという結果につながりますし、問題行動や心の病にすらつながる可能性があります。自然に出てくるネガティブな感情は、受け入れていくのが最も上手なつきあい方です。そのためには、子どもに怒りを表現させてあげて、「急に引っ越すことになったら頭に来るよね」「予定が狂っちゃうよね」「わかる、わかる」というように認めてあげるのが一番です。そうすれば感情はだんだんと収まって、次の段階に進むことができます。

20 親の離婚の影響

子どもにとってのさまざまな役割の変化の中でも、親の離婚というのは最大のものの一つです。時代が変わり、離婚が増えてきたとは言っても、離婚がどのように子どもに影響するのか、ということは案外知られていません。このため、「子どものために」と善意でとった対応がむしろ逆効果になってしまうこともあります。離婚は子どもにとってたしかに大変なことなのですが、適切な配慮によって、子どもの成長を損ねずに乗り越えていくことができます。その「適切な配慮」とは何かを考えていきましょう。

離婚が大きな環境の変化であることは間違いありません。今まで一緒に暮らしていた人がいなくなり、きょうだいで別れ別れになることもあります。それまで「普通の家庭」だったのが、「特殊な家庭」になります。周りが自分を見る目も変わります。転居を伴うことも多く、姓が変わる子もいます。

これらの、どんなタイプの離婚であっても必然的に経験しなければならないことは、実は、子どもの心に深刻なダメージを残す性質のものではありません。たしかに大変な変化ではありますが、子どもは半年から一年で、この変化にだいたい適応していきます。つまり、大切な人が亡くなったときと同じで、時の経過と共に癒える性質のものだということです。

両親の不仲を離婚後に持ち越さない

ただし、以上に述べたことには、両親の不仲が離婚後に持ち越されなければ、という条件がつきます。離婚によって両親の不仲が終結する場合には、離婚後一年以降は子どもの発育にほとんど問題がない、という研究結果も発表されています。

問題は、両親の不仲が離婚後に持ち越される場合です。お互いの悪口を言い続ける、「悪い親だから」と、会うことが決まっている日に会わせない、子どもが悪いことをしたときに「あなたは別れたお父さんにそっくり」などともう一方の親を引き合いに出して責める、などということは、子どもの成長を決定的に損ねることになります。

子どもにとっては、どんな親であっても親として重要な意味を持っています。子どもは、どんな親に対しても喜ばせたいという気持ちをどこかで持っているものですし、嫌いな親であっても他人から悪口を言われるのはいやなのです。その親同士がお互いの悪口を言うのですから、大変です。解決しようとするとどちらかの「肩を持つ」ことになってしまい、子どもは身動きがとれなくなります。こうなると、子どもの悩みは自分へと向かいます。うつや不安やいろいろな身体の症状が出てきたり、性的逸脱や非行などさまざまな問題が出てきたりするのはこんなときです。

研究データの結論として言えることは、問題は一人親という家庭構造そのものではなく、両親の関係性、子どもとそれぞれの親との関係性だということです。離婚したことを正当化しようとして別れた相手の悪口を言うのではなく、「夫婦としては一緒にやっていかないほうがいいという結論に達したけれど、あなたの親としては尊重する」という姿勢をとったほうがずっとよいのです。

子どもとしての時間を与える

離婚によって、子どもが親の役割を代わりに果たそうとすることにも問題があります。

この傾向は特に、自分と同性の親を失った場合に強くなると言われています。母親と息子の家庭では、息子は父親の役を担おうとし、父親と娘の家庭では、娘は母親の役を担おうとするのです。もちろん、家事を手伝うなど物理的に子どもの協力が必要な部分は出てきますが、それでも子どもは子どもです。健やかな成長のためには、子どもとして親に支えられ安心していられる時間が必要です。また、将来適切な親離れを可能にするためにも、「親は親、自分は自分」という感覚を育てていくことが必要です。遊びや甘えなど子どもとしての時間が持てるように配慮し、また、折に触れて「親に気を遣わずに自分の人生のことを考えていいんだよ」というメッセージを伝えてあげたいものです。

また、気持ちを表現しやすい安全な環境を作ってあげることも重要です。親の離婚は、前章でお話しした「役割の変化」の典型的な形であり、いろいろな感情が起こる時期です。悲しみだけではなく、怒りや不安、さらには罪悪感（自分が生まれなければ親はこんなに辛いことにはならなかったのではないか、など）も生じます。これらの感情に対処するための最もよい環境は、感情を安心して表現したり受け入れてもらったりすることです。つまり、ふだん以上に気持ちを話しやすい環境を作る必要がある時期なのですが、実際には、親のほうがパニックになっていたり、子どもが親に気を遣ってしまったりして、子どもは気持ちの表現を控えてしまいがちになります。

この時期の子どもはとても複雑な気持ちを抱えていますから、「何でも話してね」というアプローチだけでなく、ただ一緒に時を過ごすというようなことも役に立ちます。一緒にキャッチボールをしたり映画を観たり料理をしたりというような活動をしてあげると、安心感を抱きますし、場合によっては気持ちの一端を話してくれるものです。

また、「子どもをそっとしておきたい」という気遣いの結果、本当の事情を子どもにはほとんど知らせない、ということがよくあります。でも、「役割の変化」を乗り越えるには、自分に起こったことの意味を自分なりに理解し位置づける必要があります。本当のところ自分に何が起こったのかがわからなければ、このプロセスを進めていくことができません。小さな子どもであれば、理解可能な年齢になるまで脚色した話を伝えるというやり方も必要かもしれませんが、思春期の子どもは理解力もあり、嘘が嫌いです。本当の事情を知りたいかを尋ねて、子どもが知りたいと言ったら、話してあげたほうがよいでしょう。ただし、大原則である「両親の不仲を離婚後に持ち越さない」という点は大切ですから、相手の悪口を言うのではなく、事実を話し、子どもの親としての別れた相手を尊重する姿勢を示してください。

親自身の心のケア

なお、ＤＶ（ドメスティック・バイオレンス）による離婚などでは特にそうですが、親自身が精神的に傷ついていることも多いものです。親がうつ病になっていると子どもの発育にはかなりの影響が及びますので、まずは専門家に相談して自分の心を健康にするためのケアをすることが、子どものためになります。自分では大丈夫だと思えても、一人での子育ては息が詰まりますし大変です。すべてを一人で背負い込まず、人に頼めることは頼み、いつでも相談したり悩みを打ち明けたりできる人を作っておきましょう。うつ病で何もできなくなってしまっている場合であっても、「病気だから今は何もしてあげられないけれども、あなたのことを心から愛している」と伝えることはできますし、それこそが親がすべき最も大切なことでしょう。

また、離婚した親（特に母親）を「子どもがかわいそう」「自分勝手」と責める人がいますが、それが親のストレスを増し、結局は子どもの生育環境を損ねるのだということを理解していただきたいと思います。

21

思春期の拒食症

摂食障害（拒食症や過食症）は思春期に見られることの多い病気の一つです。特に拒食症は思春期の全体的な課題をそのまま反映したような病気なので、少しご説明したいと思います。拒食症は、もともと女の子に多いのですが、この頃は男の子にも増えているようです。実際に拒食症の方が身近にいらっしゃるのであれば、拙著（『拒食症・過食症を対人関係療法で治す』紀伊國屋書店）を参考にしていただきたいと思いますが、ここでは、思春期の課題を整理するために、どういう病気かということを、少し根本的なレベルで説明します。

拒食症になる人は「手がかからない、いい子」が多いと言われています。これはどういうことかと言うと、自分の成長における課題を、他人の手を煩わせずに自分だけでこなそうとする性格を持っているということです。いわゆる「完璧主義」と、他人への気遣いが混ざった形です。

子どもの頃は、このやり方でもそれなりにうまくいきます。もちろん例外もありますが、一般には、がんばっていれば評価され、人に優しくしてあげれば好かれます。

ところが、思春期になってくると事態が変わってきます。それぞれが思春期の課題を抱えるようになるので、自分の努力だけではカバーしきれない問題がいろいろと起こってくるのです。たとえば、理由もなくいじめの被害に遭ったりすることがあります。自分は相手に親切にしており、何も悪いことはしていないのに、相手側の何らかの事情（家庭環境が不安定であるなど）によっていじめられてしまうのです。あるいは、小学校時代には努力して勉強すれば上位の成績でいられたけれども、中学、高校と進んでいくにつれ、努力だけでは超えられない能力の違いが明らかになってきます。どんなにがんばって勉強しても上位になれない、という現象が起こってくるのです。

もともと、すべての課題を自分の責任でこなそうとする人は、「秩序」によって安定するタイプの人が多いようです。つまり、「努力すればいい成績が得られる」「親切にすれば好かれる」というようなルールの中で世の中が動いていないと不安になるのです。見通しが立たない、ということがとても苦手です。

そういう人たちが、思春期になって、自分の秩序を乱す出来事に直面してしまうと、パニックを起こします。パニックに対処しようとする一つの形が拒食症という病気です。つまり、「体重」という秩序のあるもの（食べなければやせる、やせれば体重計の数字にきちんと表れる）に、達成感と安心感を求めるのです。

ところが、パニックに対処するため（秩序を取り戻そうとするため）にやせたにもかかわらず、拒食症になると、結果としてさらに秩序が乱されることになります。やせたことは周りの目にもわかりますので、家族が心配したり干渉したりしてきます。もちろん命に関わることもある病気ですから、家族が心配するのは無理もありません。でも、きちんとした治療指針もなく、ただただ家族の心配だけを押しつけてしまうと、ますます本人のペースが乱れてしまうのです。専門家でない医療者も、同じように心配を押しつけてしまうことが多いようです。中には脅しのような手法を使って体重を増やそうとする人もいるので、もともと怖がりの本人は、ますます怖がってしまい、さらにパニックになり、効果的な行動ができなくなってしまいます。

ペースの違いを「役割期待のずれ」として見る

人と人との間に起こるストレスは、第18章でご紹介した「役割期待のずれ」として見ることで解決が可能になります。拒食症の場合、「自分のペースを守らせてほしい。自分のペースを乱さないでほしい」という本人の期待が言葉にされることはほとんどなく、実際に起こることは、逆に周りのペースに本人が飲み込まれてしまう、という事態です。ところが、これは話しあいの末のことではありませんから、本人にとっては大変なストレスになり、抵抗も生じます。病気が治らないのも当たり前です。

いろいろなストレスを「役割期待のずれ」として見ることができますが、拒食症の場合、ポイントは「ペース」「やり方」です。もともと自分だけで解決しようとする人たちですから、自分が何を期待しているかを他人に伝えることはほとんどありえません。役割期待のずれから生じるストレスすら、自分で解決しようとしてしまうのですが、それは無理なことです。本人は「ペース」「やり方」が乱れるとパニックになってしまうタイプなのに、相手のペースの中でそれを解決しようとするからです。

思春期という「役割の変化」

拒食症の治療の中心は、対人関係療法で言うところの「役割の変化」になります。これは、簡単に言うと、子どもの役割から大人の役割への変化であり、思春期全体の課題でもあります。

「子どものやり方」というのは、特にこのような完璧主義の子どもにとっては、「何でも自分の努力で解決する」というものです。一方、「大人のやり方」は、「必要であれば他人の力を借りよう」と考えられることです。子どもの役割から大人の役割へと変化する、ということは、ものごとを実現・解決していく際に、子どもの頃のような「何でも自分一人の努力で」というやり方ではなく、「必要なことは人に頼んだり助けてもらったりする」というやり方を受け入れていく、ということです。これも広い意味での秩序ということになります。結果は同じように得られるけれども、関わる人が自分一人ではなく、他の人も含まれるようになるだけです。

たとえば、自分に非がないのにいじめられた、という場合、子どもの頃の価値観では、「自分が一人で努力して耐えたり相手を満足させたりしなければならない」ということになるでしょうが、大人の価値観では、「自分に非がないかどうか、人に相談して確認してみる」「この状況からどうすれば脱することができるのか、人に相談して助けてもらう」ということになります。

どんなに努力しても成績が上位になれない、という場合も、一人でさらに努力して自分を追い込んでいくのではなく、成績ということについていろいろな人と話しあってみるとよいのです。いろいろな人生があることを知れば、単に成績の上下にとらわれるだけでなく、自分の存在を社会の中で相対化することができるでしょう。このように、より多くの人を巻き込んで解決していけるようになること、それが大人になるということです。

拒食症に限らず、心の病気というのは一般に「何か問題がある」というサインです。拒食症の場合は身体がやせてしまうため、「体重を増やさなければ」というところにばかり目が行きがちですが、やはり心の病気なのです。特に、その子の「ペース」や「やり方」が乱されているのではないか、という可能性を見てあげたいところです。そして、どのように協力すればその子のペースを守ることができるのか、という話しあいができるようになれば、問題はほとんど解決したようなものです。

22

「母親の育て方」のせい？

私は思春期の患者さんを診る機会が多いのですが、そのときに本当に問題だと感じるのは「母親の育て方が原因」という考え方です。特に私の専門が摂食障害（拒食症・過食症）だからということもあるのでしょうが、患者さんのお母さんは、本を読んだり、医療機関にかかったりする中で、また周囲の人たちから、必ずと言ってよいほど「母親の育て方が原因」という考え方をすり込まれています。

この考え方は、正しくないばかりか、治療の妨げになるので、要注意だと思っています。治療に協力的でないお母さんによくよく話を聞いてみると、どこかしらで「母親の育て方が原因」と言われていることが多いのです。そして、そのことで傷つき医療機関に対して敵対的になってしまっていたり、「どうせ自分はだめな母親だから」と、可能な努力も放棄したりしているような人が少なくありません。そんな人に対して、「親のくせに治療に協力もしないなんて」と怒っても、逆効果であるのは当然です。

どんな心の病も、生育環境の影響を受けることは確かです。しかし、生育環境を母親一人がつくり出すということは、ありえないことです。

もちろん子どもに対して母親が及ぼす影響は絶大で、母親が大切な存在だということは事実です。しかし、同時に、完璧な母親などどこにもいないということも事実です。母親も人間ですからいろいろな弱点があります。そして、その弱点を我が子に向けるような形の子育てしかできなかったのはなぜか、ということを考えていくと、けっして母親一人の責任だと言えるようなことはありません。サポート体制がなかったり、周囲が母親を追い込むような構造になっていたりするからです。

心の病は、身の回りの人たちが問題にどのように対処していたか、ということにも大きく影響されています。たとえば、母親が育児に困難を抱えていた場合に、父親はそのことを批判するだけで助けようとしなかったら、子どもは父親を嫌うと同時に、「人間は完璧にできないと批判される」「人間なんて、しょせんは自己中心的で、困った人を助けないものだ」ということを学習してしまいます。このように、人間同士の基本的な信頼感や安心感を持てず、他人に評価を下す姿勢だけを覚えると、心の病につながりやすくなります。それだけストレスのかかる心の姿勢だからです。

一方、欠点があっても、トラブルがあっても、時には喧嘩をしても、受け入れあっていける、という人間模様を見て育った子は、他人に心を開いて育ち、何かのトラブルに直面しても、「まあ話しあえば何とかなるだろう」と思う人になるでしょう。自分にも他人にも寛容になれることは、ストレスから自分を守る強い力になるのです。

子どもの病気や問題行動を「母親の育て方のせいだ」と言ってしまうと、人間は結局、助けあったり信頼しあったりせず、完璧にできない人を批判するだけだ、ということが再現されるだけです。これでは関係者に再び同じ傷を与えることになってしまいますし、その構造から子どもが学ぶこともまた同じ、ということになります。

子どもの現在を見る

過去に子どもに謝罪すべき出来事（虐待や不適切な言動など）が実際にあった場合は、もちろん誠実に謝罪していただきたいと思います。

しかし、「子育てに失敗した」などという謝り方にはマイナスの側面のほうが大きいようです。これは、子どもが主役になっていない言い方だからです。子どもが受けた傷に配慮しているのではなく、あくまでも親自身の罪悪感を表現している言い方なのです。「子育てに失敗した」と言われたときに多くの子どもが感じるのは、「自分は失敗作なのだ」という惨めな気持ちです。そして、過去は取り返しがつかない以上、自分はもうどうしようもないのだという絶望感に襲われてしまいます。また、親が「あのとき○○してあげればよかった」というようなことばかり言っていると、現在を生きている子ども自身は置き去りにされたように感じます。自分のせいで落ち込んでいる親を見ることそのものが、子どもの罪悪感を刺激するという側面もあります。

過去を振り返るときであっても、未来志向のほうがよいでしょう。「今まではこんなふうにやってきて、つらい思いをさせてきたことにようやく気づいた。これからはそれを改善していきたい」というふうに話せば、本人が取り残されることはありません。

また、過去を反省するときには、本人のつらさに気づくという視点だけでなく、「ここで生き方を変えることは自分（親）にとっても大切なこと」という位置づけを明確にするとよいでしょう。子どもは、自分のせいで親に負担をかけることを嫌います。いくらひどい育て方をした親であっても、「自分のせいで親が過去を後悔する」のはいやなのです。ですから、「自分のせいで」ではなく、「自分の病気（問題行動）がきっかけではあったけれども、親自身のために」ということであれば、はるかに受け入れやすくなります。実際に、お子さんの病気（問題行動）をきっかけに生き方を見直した結果、親御さん自身も生きやすくなったという例はとても多いので、これは「子どものための方便」ではなく真実だと言えるでしょう。

モンスターペアレント

本章を読まれて、「でも、本当に反省してほしい親もいるのに」と思った方もおられるかもしれません。たとえば、昨今問題視されている「モンスターペアレント」などはその一つの例でしょう。「モンスターペアレント」というのは和製英語ですが、学校などに対して自己中心的で理不尽な要求を繰り返す親を意味するようです。子どもの成績が上がらないのは教師の教え方が悪い、子どもが友だちとうまくやれないのは仲よくできるように学校がちゃんと配慮しないからだ、などと、本来は親にも責任があるようなことであっても、自分側の非を認めずに全面的に教員など他人に要求をするのです。実は、そのような「あなたにも責任があるでしょう」と言いたくなる親についても、「親のせいにしない」ということは役立つ考え方です。

理不尽な要求を繰り返す親たちを観察すると、子育て上不安をかき立てられるような出来事が起こったときに、親として批判されることを警戒して、批判される前に相手を攻撃している、という要素が少なからず見られます。どんな人にとっても、自分が親としてうまくできなかったと指摘されるのは苦しいことです。また、自分の育児の結果がどうなるだろうということも常に不安に思っています。特に、本当の意味で自信を持った子育てをしていない人ほど、「育て方」への批判には敏感です。「モンスターペアレント」のように理不尽な要求を繰り返す人を見ると、ほとんどパニック状態だと感じられます。

親としてよりよく機能してもらうためには、「責められる前に責め返さなければ」という防衛姿勢を手放してもらう必要があります。そのためには、まずは、「よくがんばっている」と苦労をねぎらい、安心してもらうことが必要です。どんな人でもその人なりにがんばっているからです。人間は、現状を受け入れてもらい安心すると初めて変わろうと思えるものです。そして、もちろん育児は親だけでなく周囲の人たちと「一緒に」するのだ、という姿勢を示せば、親は自分の中で改めるべき点についても前向きになることができるでしょう。

23

「自分がどう見られるか」にとらわれる病気

思春期はいろいろな意味で「自分が他人からどう見られるか」を意識し始める時期です。おしゃれに気を遣うようになったり、自意識過剰になったりするのもこの時期です。そのこと自体は、自我を確立し社会性を作るという思春期本来の役割を考えれば、ごく自然なことであり、異常なことではありません。

でも、そのような外見へのとらわれが過度になってしまうと病気になります。「過度」というのはどういうことかと言うと、主客が転倒してしまうことです。本来、自分の生活を向上させるために外見を気にしているはずなのに（つまり、自分が主役ということ）、外見へのこだわりが自分の生活を支配し始めてしまうのです。こうなると、自分は主役どころか、奴隷のような状態になってしまいます。

思春期に発症する心の病のうち、本章では「自分がどう見られるか」にとらわれる病気をご紹介します。

摂食障害・身体醜形障害・社交不安障害

外見へのとらわれが主な症状になる病気としては、摂食障害（拒食症や過食症）や身体醜形障害（自分は醜いと思い込む病気）があります。これらは「形」としての外見についての病気です。また、赤面や震えなども含めて「外見」を広い意味でとらえれば、社交不安障害（いわゆる「対人恐怖症」に近いもの）もその一つです。

拒食症と過食症は、基本的には、体型や体重によって自分の価値が決まってしまうという思い込みにとらわれている病気です。過食症というのは「食べたい病気」なのではないかと思われている方もいらっしゃると思いますし、実際に「食べないように」というアドバイスをする人も多いのですが、本質はまったく逆で、「やせたい病気」なのです。やせたいがために無理なダイエットをして反動としての過食に襲われる、というのが過食症の一つの側面です。

身体醜形障害は、思春期に発症することが多い病気ですが、自分の外見が醜いという思い込みにとらわれている病気です。実際には外見に何の問題もないことが多いですし、あるとしても客観的にはたいしたことがない程度のもので、本人の感じ方との間には著しいギャップがあります。目・鼻・口の形や大きさなどがよく見られる訴えですが、時の経過とともに気にする部位が変わることもあります。自分は耐えられないほど醜いと感じるため、ひきこもりになったり、美容整形外科に通ったりすることになります。美容整形手術を受けてもその結果に満足することはなく、繰り返し手術を求めたり、手術の失敗にさらに落ち込んだりしがちです。

身体醜形障害を持つ人たちは、「醜い自分は愛されない」と信じていることがほとんどです。鏡を長時間見たりして外見のことばかり考えてしまうために、それ以外の「生活」がなくなってしまうことすらあります。

社交不安障害は、社会不安障害や社交恐怖とも呼ばれますが、俗に「対人恐怖症」と呼ばれているものに近いです。自分が人にどう見られるかということを強く意識しており、人と接すると、自分はきっと不適切な行動をとってしまったり、赤面・発汗・震えなど、恥ずかしい反応が起こってしまったりするだろうという思い込みにとらわれている病気です。このため、ひきこもりになる場合もあります。

ありのままの自分を表現して受け入れてもらっていない

摂食障害、身体醜形障害、社交不安障害には共通する要素もたくさんあり、複数の病気を併発する人もいます。いずれも思春期に発症することが多い病気で、適切な治療を受けないと長期にわたって続くことも多いものです。

それぞれの病気にはそれぞれの治療法があり、一筋縄にはいかないケースもありますが、身体醜形障害や社交不安障害の人によく見られるのが、「身近なところに自分に対して批判的な人がいた」というケースです。虐待やいじめと呼べるレベルのものである場合もあれば、常に世間の目を意識して親が口うるさく批判してきたというような場合もあります。摂食障害の場合にも批判的な家族や虐待が存在することもありますが、そうではない場合であっても、親が心配性だったために自己表現することがためらわれるような環境に置かれていたことがほとんどです。いずれも、のびのびと、ありのままの自分を表現して受け入れてもらっていた、という環境からはほど遠いところで育ってきた人が多いのです。そのような場合に、自分の価値が外見によって決定されるという思い込みを主症状とした病気になりやすいというのは、治療上も大いに参考になることです。

これらすべての病気について「～という思い込みにとらわれている病気」と書きましたが、その「とらわれ」が合理的な範囲を超えて本人の生活をかなり制限するときに「病気」と呼ばれることになります。太ると自信がなくなるという人は多いですが、もちろんそう思う人のすべてが病気ではありません。また、特に思春期には長い間鏡を見つめて自分の外見を思い悩んだりすることが多いものですが、そういう人のすべてが身体醜形障害だというわけではありません。また、どんな人でも、人前に出るときには何らかの緊張を覚えた経験があるでしょう。失敗したらどうしよう、とドキドキすることもあります。それはむしろ正常な反応で、緊張する人のすべてが社交不安障害という病気だというわけではないのです。

心の病気全般に、要は「程度問題」であるとも言えます。日常生活をそれほど制限しない程度であれば、病気とは呼ばずにせいぜい「こだわりの強い人」となるでしょうが、とらわれが強すぎて日常生活に支障をきたすレベルになると病気だということになります。これは専門的には「強迫症状」と呼ばれるものですが、まさに、何らかの思い込みが自分に強く迫ってきて逃れられない苦しさをもたらすような状態だと言えます。この時点で、本人は「思い込んでいる」主役ではなく、「苦しいほどに思い込まされている」犠牲者という立場になるのです。

このような病気は、心のＳＯＳであると考えるとわかりやすいです。症状の詳細にとらわれるよりも、心が悲鳴を上げているというふうに考えたほうが治療もうまくいきますし、周囲の方の関わり方の手がかりにもなります。摂食障害の人に「体型にこだわることは異常だ」と説教をしても意味がありませんし、身体醜形障害の人に「あなたは本当は醜くない」と言っても納得しません。社交不安障害の人に「人はそれほど他人のことを気にしていないものだ」と言ったくらいでは病気は治りません。

それよりも、「のびのびと、ありのままの自分を表現して受け入れてもらった経験がない」というところに注目したほうがよほど効果的です。まずは、症状にとらわれてしまっている現在の「ありのまま」を受け入れ、その苦しさを認めてあげるところから出発するとよいでしょう。

24

「自分の問題」と「他人の問題」を区別する

心の病になる患者さんを診ていると、他人との「境界線」の問題を抱えた方がとても多いことに気づきます。何か問題に直面したときに、それが自分の問題なのか相手の問題なのか区別ができていないということです。たとえば、夫の機嫌が悪い、というときに、それを「今日仕事で何かあったのかな」ととらえればストレスになりませんが、「自分が何か悪いことをしたに違いない」ととらえると大きなストレスになります。つまり、夫の不機嫌という同じ現象に直面しても、それを「相手の問題」ととらえるか、「自分の問題」ととらえるかによって、受け取るストレスがまるで違ってしまうということです。心の病になる方は、多くのことを「自分のせい」と受け止めてしまいますし、うつ病などになると、そういう傾向がますます強まります。

「相手の問題」と突き放すのは冷たいのではないか、と思われるかもしれませんが、実際には「相手の問題」としてとらえたほうが、私たちは優しくなれます。「自分のせいではないか」と思い込むとき、実は私たちは自分のことばかり考えています。「自分は何かまずいことをしただろうか」「自分は相手に嫌われたのではないか」というようなことばかり考えてしまい、意識が相手に向かなくなり、結果として相手の立場に立って考えてあげることができなくなってしまうのです。

また、自分自身の悩みを話したら、相手が「私のせいね」と反応する、というのも、かなり重苦しい状況です。いちいちそんなふうに反応されてしまうと、相手に気を遣わなければならなくなり、悩み事など相談できなくなります。

親の「境界線」問題

このような問題を抱える人は、どのような環境で育っていることが多いのでしょうか。第一には、親も「境界線」問題を抱えている、というケースがあります。自分自身が「境界線」問題を抱えていると、往々にして、同じ視点を子どもにも求めます。「あの人の機嫌が悪かったのは、あなたが何かしたからではないか」というようなことを言われ続けて育つ子は、当然のこととしてそのような視点を自分でも身につけていきます。一方、「あの人は不機嫌でつらそうね。何かあったのかしらね」と親が言うのであれば、子どもも同じようにとらえるようになります。

また、何か言うたびに親が「お父さんのせいだと言うのか？」というふうに自分に関連づけて反応してしまうような環境では、子どもは常に「こんなことを言ったら相手にどう思われるだろう」と心配するようになります。つまり「自分の発言」ができなくなるのです。治療の中で患者さんに自己表現の練習を始めてもらうと、練習相手である家族が、「そんなふうに受け取られるのなら、もう何も言えない」と逆ギレしてしまう、ということが時々あります。これも実は「境界線」問題です。

患者さんがどう感じたとしても、それが患者さんの気持ちなのです。家族が言ったことを患者さんが誤解したのであれば、誤解を正せばよいだけです。最初から相手に正確に理解してほしい、と思う人は、まさに「境界線」問題を抱えています。親子でも、夫婦でも、他人なのですから、受け止め方は違っていて当たり前で、それを調整するためにコミュニケーションがあるのです。

よく、ＤＶや虐待の加害者が「相手が自分を怒らせた」という言い方をしますが、これも「境界線」問題の顕著な例の一つです。自分を怒らせないように気を遣うのは相手の責任、というような考え方は、まさに「境界線」の深刻な障害であると言えます。暴力の被害者にもかかわらず「お前が怒らせたせいだ」と言われてしまうと、本来自分の責任ではないことまで自分の落ち度だと感じてしまい、自尊心が低下します。そして「相手を怒らせないように気をつけなければ」と、「境界線」の引けないコミュニケーション・パターンを続けてしまうことが多いのです。

顔色を読まなければならない親

第二のケースは、大人の顔色を常に読まなければならないような環境です。親が「言わなくても自分の心を察してほしい」というタイプの人だと、子どもは顔色を読むようになります。また、親が感情的に怒るようなタイプの人でも、子どもはやはり親の顔色を読むようになります。第13章でも書きましたが、「自分が何をしたか」で叱られる子どもは、自分の価値観と自尊心を育てることができますが、「親の機嫌がどうか」で叱られる子どもは、相手の顔色をうかがうようになります。それしか判断の基準がないからです。親がアルコール依存症というような場合も同じです。親がどのくらいアルコールの影響下にあるかで反応がガラリとちがうからです。いつ地雷を踏むかわからないので、常に親の顔色をうかがいながらビクビクしていなければなりません。

大人の顔色を読まなければならない環境で育つと、なぜ境界線を引くことが難しくなるのでしょうか。それは、「自分が相手にどうしてほしいかを表現するのは自分の責任」という考え方が身につかないからです。相手の不機嫌が本当に自分のせいだったら、相手がそれを伝えるべきなのです。うまく言えない人もいるでしょうが、それはその人の問題で、その人自身の課題として努力していく必要があるのです。それを、「自分が読み取ってあげなければならないこと」と思うことは、相手の成長の機会を奪うことにもなります。また、そのように考えがちな人は、他人にも同じことを求めます。自分がどうしてほしいかを表現しなくても相手は察するべき、というふうに思ってしまうのです。そして、そうしてもらえないと「相手は自分をないがしろにした」と感じてしまうのです。これもまた大変ストレスのたまる受け止め方で、対人関係のトラブルにもつながります。

本人がいくら他人の顔色を読んでいるつもりでも、実際には正しく読めていないことが多いものです。他人の顔色を読むタイプの人に多いのが、「自分は正しく相手の顔色を読んでいる」という思い込みです。これが相手の実際の気持ちとずれていると、相手が求めていないものを押しつけることにもなってしまいますし、役割期待のずれが広がっていきます。相手の気持ちは相手に聞いてみなければわからない、という当たり前のことが、「境界線」問題を抱えてしまうとわからなくなってしまうのです。

以上に見てきたように、子どもの「境界線」感覚を育てたければ、まずは大人が自らを振り返る必要があります。「言葉で言わなくても察するのが日本の文化」と思われるかもしれませんが、日本の地域社会の構造そのものが昔とは大きく変わって、「相手が察してくれるはず」と言えるほどのコミュニケーションを日頃からしているわけではない、ということも頭に入れておく必要があります。「境界線」をきちんと引くことによって、「自分が思い込んでいる相手」ではなく「本当の相手」と向きあうことができますから、より人間らしいつながりを作っていくことができると思います。

25

家族にしかできないこと

心の病を持つお子さんのご家族からは、実にいろいろなご質問やご相談をいただきます。たとえば、「過食症の娘が家に引きこもってゴロゴロしています。このままでは本当のひきこもりになりそうです。無理にでもアルバイトをさせたほうがよいでしょうか?」「拒食症の娘は、毎日、野菜とコンニャクしか食べないのです。先生の本にヨーグルトと書いてありましたが、ヨーグルトを食べさせればなんとかなるのでしょうか」というように、現実的かつ具体的な相談であることがほとんどです。心の病に苦しむお子さんを毎日近くで見ていると、一つひとつのことが現実的な問題として気になるのでしょう。

こうした質問に対して、私の返事はいつも同じです。それは、「ご心配はよくわかります。でも、どうかご家族にしかできないことをやってあげてください」というものです。

たとえば、アルバイトが適しているかどうかを考えたり、食事についてのアドバイスをしたりするのは、医療者などの第三者にもできることです。そして、それらに絶対的な正解はありません。アルバイトがよいだろうと思ってアドバイスしても、その職場でひどいセクハラに遭うこともあります。また、ヨーグルトにしても、私の患者さんでも「ヨーグルトはどうしても苦手」という人もいて、絶対的な基準ではありません。いずれにしても、私の患者さんがアルバイトやヨーグルトという提案を受け入れてくれるのは信頼関係があるからで、万が一できなかったときにも、見捨てられないだろうという安心感があるからです。

この、「万が一のときにも見捨てられない」という感覚は、本来家族だけが与えられるものです。自分の外見や能力がどうであっても、自分の存在そのものが尊いという感覚を与えてくれるのは家族だけです（恋人も、広い意味で家族に含めます）。

残念ながら、心の病になる人の多くは、家族からそういうメッセージを受け取ってきていません。「出来が悪ければ父に嫌われる」「母の言うことを聞かなければ母が落ち込んでしまう」というように、条件つきの愛情しか感じていないのです。このように育った人がいろいろな状況で追い詰められてストレスをため込み、心の病になるのも、無理はありません。

病気になったときには、お子さんに無条件の愛情を注いであげてください。無条件の愛情と言っても、患者さんの言いなりになれということではありません。また、愛情があっても表現されなければ伝わりません。以下のようなやり方が参考になるでしょう。

とにかく話を聴く

やっていただきたいことは、これに尽きます。話ならいつも聴いている、と思うかもしれません。でも、本当にじっくりと聴いているでしょうか。途中でさえぎってアドバイスしたり、質問したりしていないでしょうか。

アドバイスや質問をしたくなるのは、親として自然な反応です。でも、話し手にとっては、「なにを話しても大丈夫ではない」というメッセージになってしまいがちです。少なくとも、うつ病や摂食障害（拒食症・過食症）の場合、自分のだめさ加減や将来への不安について、患者さんはすでに悩み尽くしています。考えつく努力や我慢も、すべて試しています。そんな状況でどんなに気の利いた（つもりの）アドバイスをしても、患者さんは「そんなことは、とっくにわかっている。できない自分の辛さなんてわかってくれないんだ。やっぱり私の気持ちなんて聴いてくれていないんだ」と感じます。そして、話すのがいやになってしまいます。

質問もアドバイスと同じです。質問の中には「それで、どういう気持ちなの？」というように、相手の感情表現を促すものもあり、一概に悪いとは言えないのですが、「どうして」で始まる質問は要注意です。それは、多かれ少なかれ現状を否定する響きを伴うからです。「どうしてあなたはそうなの」と言われれば、自分の現状が相手には気に入らないことがわかります。「どうしてプラスに考えられないの」と言われれば、「マイナス思考のあなたはよくない」というメッセージになります。「どうして過食ががまんできないの」と言われれば、「過食はよくない」というメッセージになります。

いずれにしても、話し手にとっては、いつ否定されるかわからない、安全でない環境になってしまいます。そんな環境で本心をさらけ出そうという人は少ないですし、それができるような人は、ストレスをため込んで心の病になったりしないでしょう。

とにかく話を遮《さえぎ》ることなく、じっくりと聴くことです。どうしてもアドバイスしたければ、まず相手の話を受け止めて、「それは辛いわね」と言った上で、「今の話を聞いて私はこう思ったけれど、どう?」と言ってあげれば、相手は少なくとも理解されたと感じるでしょう。

どんな気持ちも受け止める

先ほど、「気持ち」を聞く質問は悪くないと書きましたが、話の焦点が「気持ち」に置かれている限り、私たちはつながりを感じるものです。

多くの心の病の課題は罪悪感、怒り、不安といった感情です。こうした感情をうまく処理できないことが、病気の本質と言ってもよいのです。

感情とうまくつきあうための第一歩は、それを認めるということです。認めなければ対処できませんし、否認された感情はますます膨れ上がっていきます。ネガティブな感情を認めるための一番の方法は、それらを表現して誰かに受け入れてもらうことです。問題を解決していくためには、ネガティブな感情を引き起こした相手に直面しなければならないこともありますが、まずは家族など身近な人が聴いてあげることで十分なのです。

ところが、家族にとって、ネガティブな感情をただ受け入れるのは難しいことで、たいていは、ついつい解決してあげたくなってしまうものです。病気の子どもがネガティブな感情にとらわれて苦しんでいる姿を、ただ見ているのはつらいからです。「気にしなければいいい」とか、「そんなの、誰にでもあることだから」などという気休めが出てきてしまうのはそのためです。家族によっては、子どもの怒りに怖れをなして、とにかく謝ってしまう人もいます。でも、どちらも無条件の愛を伝えていることにはなりません。無条件の愛とは、ネガティブな感情に苦しむことも含めて、子どもの存在そのものを認めてあげることです。

不安を訴えてくる相手には、「それは不安だね。つらいね」と言ってあげるだけで十分です。怒りを訴えてくる相手には、「そう。そんなに腹が立つのね。わかるわ」と言ってあげるだけで十分なのです。あるいは、ただ真剣に聴いてあげるだけでも十分です。ネガティブな気持ちを人に話すことには罪悪感がつきものですから、「よく話してくれたね」「話してくれてありがとう」と言ってあげることも、大きな力を持ちます。ネガティブな感情は解決してあげなければ、という姿勢で話を聞くと、本人は、そんな感情を抱く自分に罪悪感を覚えます。でも、「この状況でそう感じるのは当然」と共感を持って聴いてもらえれば、本人はネガティブな感情を抱く自分を受け入れてもらったと感じるのです。

26

話しやすい環境づくり

思春期は自分の気持ちを話すのが、特に難しい年頃です。そもそも反抗期で「大人と話したくない」という気持ちがある上に、思春期にはさまざまに気持ちがゆれ動くため、自分でも自分の気持ちがよくわからず、話すのが難しいという特徴があります。思春期のうつ病では、「落ち込み」よりも「イライラ」「不機嫌」が前面に出ることも多いということを第17章でお話ししましたが、うつ病にまで至っていなくても、何となく不機嫌、何となくイライラしている状態ではますます話しにくくなります。

子どもの問題に取り組んでいくためには、まず、相手から話してもらわなければなりません。そうしなければ、何が問題なのかもわかりませんし、子どもがどうしたいのかもわからないからです。思春期の多くの問題が、子どもが「話せなかった」ことによって起こってきます。

本章では、子どもにとって（実は大人にとっても）話しやすい環境というものについて考えてみたいと思います。

評価を下さない態度

多くの子どもたちが、大人に話さない理由として「どうせ否定される」「どうせまともにとりあってくれない」「どうせ説教される」などということを挙げます。つまり、自分の話を「ばかな話」「ありえない話」「許されない話」として評価されることを怖れているのです。

大人の側は、悪意からではなく、「こんなことをやったらこの子は失敗して傷つくのではないか」「この子がばかにされるのではないか」「こんなことを考えているようでは、まともな大人になれないのではないか」という心配に基づいて、善意でコメントしているつもりなのです。ところが、「心配」と理解できない子どももいますし、その「心配」を重く受け止める子どももいます。いずれにせよ、評価を下されるくらいなら本心など話したくないという傾向が、思春期には特に強くなります。大人の権威への反抗心もありますし、それだけ自分に自信がない時期だということもできます。

こういうときに強い力を発揮するのが、「無条件の肯定的関心」と呼ばれるものです。「条件つきの関心」というのは、たとえば、「あなたがいい子にしていればほめてあげる」「あなたがよく勉強すればものわかりのよい親でいてあげる」というようなものです。条件をつけられてしまうと、子どもは自由を感じられなくなります。それが、「話したくない」「話しても仕方がない」という結果になるのです。また、親は何も要求したつもりがないのに、よく子どもが「親から過大な期待をされた」と述懐することがあります。これも、成果を評価するという親の姿勢から、子どもが自然に感じ取るものなのです。

「無条件の肯定的関心」というのは、相手が何を言おうと、ただそれを受け入れて話を聴く態度のことです。自分の心配や評価をそのときだけでも手放して、とにかく相手はそう感じているのだという「相手の現実」をありのままに、温かく共感的な態度で聴くのです。こちらが何を心配していようと、子どもがその時点でそう感じていることは事実だからです。「こんなことをやったらこの子は失敗して傷つくのではないか」というような心配が頭をもたげてきても、それをいったん脇に置いて、子どもの話をじっくり聴きましょう。

自分の意見は話を聴いたあとに言えばよいのです。まずは話してくれたこと自体に感謝して、「へえ、そんなこと考えているんだね。すごいね」「話してくれて嬉しかった」などと言ったあとに、「それができたらすごいよね。応援するよ。じゃあ、たとえばこんなことが起こったらどうする？」というふうに、否定せずに自分の懸念を伝えることはできます。これは、否定ではなく、「もう一つの見方」の提供という位置づけになります。「どうせできるわけがない」という決めつけではなく、子ども自身に考えさせるところがポイントです。決めつけられると子どもは人間として扱われていない感じがしますが、自分自身で考えると自信を養うことができます。

「条件」をつけないもう一つのポイントは、ほめるときにも、結果よりも努力をほめるということです。テストでよい点が取れた、ということでほめてしまうと、子どもによっては、「よい点がとれなければ認めてもらえない」というプレッシャーを感じます。でも、「あれだけがんばっていたから報われてよかったねえ」とほめてあげれば、次に点数が悪くなったときにも、「がんばっていたのに残念だったね。でも、またがんばろうね」という程度ですむのです。このように接すれば、どんな自分をさらけ出そうとこの大人は受け入れてくれる、話を聴いてくれる、という気持ちになるものです。

この、「無条件の肯定的関心」を維持することが難しくなるのが、子どもから攻撃されたときです。大人も人間ですから、「うぜえんだよ」「ばばあ」などと言われると、なかなか冷静で愛のある対応ができなくなってしまうからです。

しかし、忘れないでいただきたいことがあります。子どもも含めて、人間というものは、他人を責めるときには、それ以上に、自分のことも責めているものです。言われたことができない、あるいはその状況にうまく対処できない自分に腹が立ったり不安になったりするので「うぜえんだよ」と言うのです。ですから、ひどいことを言われたときは、「ああ、この子は私よりもずっとつらいんだな」と気づいてあげてください。

子どもと一緒に活動する

子どもによっては、一緒に身体を使った活動をしたり、遊んだりしたときに初めて話をする気になる子もいます。思春期には「仲間意識」が大切だからです。上下関係の中では話せなくても、仲間になら話せる子どもはたくさんいます。

子どもが煮詰まっているようだったら、庭仕事でも、スポーツでも、料理を作るのでも、また一緒にどこかに出かけてみるなど、なんでもいいので一緒に活動してみてください。その際に注意していただきたいのは、「一緒にやってやる」という態度ではなく、大人自身が「子どもと一緒だと楽しいから」という態度を示すことです。そして、もちろん強制しないことです。そうしないと、また新たな「条件」を子どもにつけることになってしまいます。「一緒にできたら楽しいんだけどなあ」とか「一緒にやってくれるとありがたいんだけど」というような言い方が役に立つでしょう。一緒に活動しながら、「なんか、最近つらそうじゃない?」と聞いてあげると、答えてくれることもあります。

仮に答えてくれなくても異常ではありません。思春期はそんな時期なのです。活動を断られても、話してくれなくても、いつでも味方でいるという無条件の愛情は、親にしか与えられないものだと考えれば、子どもの言動にいちいち振り回されずにすむでしょう。それに、親にとっても子どもにとっても、思春期に、たいした話もせずに一緒に何かをした、ということはいい思い出になるはずです。

27

悩みを打ち明けられたら

悩みを打ち明けられたときにどういう反応をするかで、その人がどう話を受け止めたかがわかるものです。

以前、対人関係療法について講演していたときに、おもしろい質問を受けたことがあります。そのとき私は、罪悪感ゆえに話しにくい感情を引き出すためには、「そういう状況では、誰でもそう感じるでしょうね」というようなコメントをすることが役に立つ、という話をしていました。たとえば、人からひどいことを言われてへこんでしまった。でもそんな「弱い」自分も許せない、と思っているケース。あるいは、自殺した父親を許せないと思っているけれども、亡くなった人のことを悪く言うことはいけないとも思っているケース。あるいは、将来に対する不安があるけれども、そのような不安を持つことは「男らしくない」と思っている男の子のケース。このようなケースでは、「そんなにひどいことを言われたら、誰でもへこみますよね」「誰でもそう感じるでしょうね」と応じると、「話してもいいんだ」という気持ちになります。自分の感じ方が、特殊なものでも恥ずべきものでもない、ということがわかると安心するからです。

そのときに受けた質問は、「相手の悩みをその人固有のものとして認識することが相手を尊重するということであって、一般化するとそれが損なわれるのではないか」という内容のものでした。

たしかに、これも重要な視点です。「自分が」悩んでいるのに、「思春期にはよくあること」と流されてしまうと、自分が軽視されたように感じるものです。つまり、相手は自分の問題をたいしたことのない、ありふれた問題だと思っていて、「自分の」特別な問題として扱ってくれない、と感じられるため、個としての自分がないがしろにされたように思うわけです。

さて、同じように「誰にでもあること」という内容を伝えているのに、この二つの例はどうしてこれほど違ってしまうのでしょうか。それを読み解くカギをご説明しましょう。

「決めつけ」を手放す効果

まず、最初のパターンです。このパターンでは、本人は罪悪感や恥ずかしさのために自分の感情を認められない、いわんや話すことなどできない、と感情表現が抑制された状態にあります。そんな中、勇気を振り絞って話してくれたことについては、「感じたり表現したりしてもかまわない感情ですよ」ということを伝えたほうが本人は安心します。つまり、「誰にでもあること」というコメントは、「自分だけが変なのではないか」と心配している人を安心させる効果があるのです。人間であれば誰もが感じることであり、「変」なことではない、という意味です。日常生活においては、話してくれたときにそうやって受け止めたり、「自分も同じような気持ちになったことがある」と、自らの体験を打ち明けたりすることで十分でしょう。

では、二つ目のパターンはどうでしょうか。「将来が不安なんだ」と打ち明けたら、「その年頃にはよくあることだ」と返されてしまうと、それ以上話す気がなくなります。「つまりそういうわけだから、もう話さなくてよい」というふうに聞こえるからです。本来、そこで期待されるコメントは、「どう不安なのか、もっと理解したいから、詳しく話して」というものでしょう。そこに込められているのは、相手という個人への関心です。その人が何に悩んでいるのかを知りたい、というのは、相手に関心を持っている証拠です。

同じ言い方なのに受け取り方にどうしてこれほど違いが出てしまうのでしょうか。そのポイントは、「決めつけ」にあります。一つ目のパターンでは、本人が自分の悩みに対して「よくない感じ方」と決めつけてしまっており、それが苦しみの原因になっています。そういうときに「誰にでもあること」と言ってあげると、「決めつけ」を手放して楽になる効果があるのです。一方、二つ目のパターンにおける「誰にでもあること」は、それ自体が相手の話に対しての「決めつけ」ということになります。決めつけられたほうが不満に思うのも無理のないことです。

思ったように受け止めてもらえない場合

このような基本を頭でわかっていても、実際にはそんなにうまくいかないこともあります。つい「その年頃にはよくあること」と言ってしまうこともあるでしょう。それで相手が不愉快そうに黙ってしまってから初めて、「しまった」と思うこともあります。

でも、いつでも軌道修正することは可能です。相手が不愉快そうにしたら、「もしかしたら、ありふれた問題だと言っているように聞こえた？」と確認した上で、そういうことを言いたかったわけではなく、もっと話を聞きたいということを言いたかったのだ、と伝えればよいでしょう。そうすれば関係性も改善されるでしょうし、言い間違えたことは言い直せばよい、ということを示していく姿勢自体が、とても重要なのです。思ったとおりに伝わらなかったら、より伝わりやすい形で言い直せばいいだけですし、その一番簡単な方法は、自分が本当に言いたかったことは何なのか、ということをわかりやすく説明することです。

「そんなつもりで言ったのではないのに」と思うこともあるでしょう。でも、どんなつもりで言おうと、言葉は、それを聞いた相手の受け止め方で受け止められます。特に落ち込んで悲観的になっている人は、ものごとに対してかなりネガティブなとらえ方をします（これは、専門的には「認知の歪み」と言われているもので、認知療法は、そこを改善しようとする治療法です）。先ほど、一つ目のパターンで、自分の気持ちを決めつけて苦しんでいる例をお話ししましたが、ものごとのとらえ方がネガティブになると、「決めつけ」も激しくなります。受け止め方がネガティブになっている人に対して、「どうしてそんな受け止め方をするのだろう」と言ってしまうと、「あなたの受け止め方はおかしい」というふうに受け止められてしまい、「やはり自分はどこか変なんだ」という気持ちを強めてしまいます。

対人関係療法では、「落ち込んでいるときには誰でもそう感じる」というふうに考え、そのまま受け入れた上で、丁寧に、自分が言いたかったことを説明し直すのです。「この言い方でわかるはずだ」というのはこちらの期待に過ぎず、「何事もネガティブに受け止めてしまう」という相手の現状に合わないのですから、相手の現状に合わせた言い方に変える必要があります。要は、自分が伝えたいことが伝わればよいのです。

重要な話を聞いた後には、「話してくれてありがとう」「聞いてよかった」という言葉を添えるとよいと思います。話の内容が重ければ重いほど、また、本人がネガティブな受け止め方をする状態になっているほど、自分の悩みを他人に伝えることは、相手に迷惑や負担をかけるものだと「決めつけ」がちです。温かく「ありがとう」と言えば、そんな「決めつけ」を手放すことにつながるでしょう。

28

「待つ」ことと「感謝する」こと

思春期のさまざまな心の病を診ていると多くのことを学びますが、その中には、「待つ」ことと「感謝する」ことの重要性があります。

思春期の心の病は、そもそもが不安定な年頃に出てくるものですし、家族を含むさまざまな人間模様の中で現れてきます。ですから、本当に激しい症状や問題行動が起こることも少なくなく、明日も生きていてくれるのだろうか、と確信が持てないようなケースもあれば、この子は世の中をすべて破壊し尽くそうとしているのではないか、と心配になるようなケースもあります。でも、そこで親が適切なやり方でじっくり取り組んで乗り越えると、驚くほどの成長を見せてくれることが多いのも思春期の特徴です。

子どもが不安定な状態になったときに大人がやりがちなことは、「すぐに結果を出そうとする」ことです。「二度と死にたいなんて言わないって約束してちょうだい」「あの仲間とは二度と会わないと約束しろ」という具合に、その症状（行動）を止めるという「結果」を求めてしまうのです。これは、往々にして子どもをさらに追い詰めることになりがちで、子どもは自分の気持ちを打ち明けられずにますます抱え込んだり、好ましくない仲間に引き寄せられていったりします。

もう一つ、思春期は可能性のときでもありますから、大人たちは「普通の思春期」を送ってほしいと思いがちです。それは学校に行くことだったり、スポーツをすることだったり、友だちと楽しく（健全な）思い出を残すことだったりするでしょう。そういう「思春期にしか経験できないこと」を知っている大人たちは、「普通の子だったら○○できるはずなのに……」という「引き算」の考え方をしてしまいがちです。つまり、普通の子よりも「できていないこと」を見つけてしまうのです。これも、子どもと大人の断絶を生むことにつながりやすい考え方です。

子どもの成長を信じる

思春期の心は、一見確信に満ちて突き進んでいるように見えても、実はゆらいでいるものです。そして、ときに極端すぎる言動があっても、子どもにとって安心できる場所があれば、ゆらぎの中でだんだんと自然な形に落ち着いてくるものです。「死にたい」と言うときの子どもは、死にたいほど絶望していると同時に、助けてほしいとも思っています。そこに「二度と死にたいなんて言わないって約束してちょうだい」と迫ってしまうと、子どもは安心できる場所を失ってしまうのです。そして、本当に「死にたい」という方向に追い詰められていってしまいます。

子どもから「死にたい」などと言われて落ち着いているのは無理なことかもしれません。でも、「今は子どもを信じて待つべきときなのだ」と思うことができれば、状況の見え方もずいぶんと変わってくるでしょう。これはただ手をこまねいているという意味ではありません。もちろん、病気や問題について専門家の力はどんどん借りてください。そして、必要とされることはどんどんやってあげてください。

「待つ」というのは「何もしない」という意味ではなく、「子どもの成長を信じる」ということです。「問題」ではなく「子ども本人」に焦点を当てたものの見方なのです。いろいろなゆらぎはあっても、この子は人間として大丈夫だという信頼のようなものです。信頼と言っても、「絶対に学校に行ってくれるって信じているからね」という行動面についての「信頼」ではなく（こういう「信頼」はプレッシャーとなって子どもとの断絶を生みます）、「学校に行っても行かなくても、あなたは本当にすばらしい子だって信じているからね」という、子どもの本質についての信頼なのです。このような本質的な信頼は、子どもの自尊心を育てます。自尊心とは、自分に対する信頼感であるとも言えますが、身近な大人が「あなたは人間として信じられない」というメッセージを送り続けていたら育つものも育たなくなります。

もう一つ、「待つ」ということには、子どものペースを尊重するという意味があります。成長にはそれぞれの子どもに合ったペースがあります。「今すぐ結果を出してちょうだい」というのは大人の都合であって、子どもは「いつ結果を出すか」「そもそも、結果を出すかどうか」を自分で選んでよいのです。これも、子どもへの信頼であると言えます。「死にたい」ということについて言えば、「今はそれほど辛いのだろうけれど、あなたは本当に大切な子なのだから、絶対に死なないでね」という基本姿勢だけ伝え続ければ、あとは子どものペースで進んでもらえばよいのだと思います。

「できるようになったこと」に注目する

子どもたちに向かって「感謝しなさい」と言う大人は多く見かけますが、大人自身は子どもの現状についてどれだけ感謝できているでしょうか。特に子どもが病気になったり問題行動を起こしたりしているときには、被害者モードに陥ってしまって、感謝などとんでもないという気持ちになりがちです。そして、「普通だったら……」というふうに「できていないこと」に目が向いてしまう「引き算」の発想になってしまうのです。でも、子どもはゆらぎながらも一生懸命生きています。一見そう見えない子ですら、実は一生懸命なのです。

うつ病になって本当に死にそうだったところから少しずつ回復してきたような子を見て、次々と「できていないこと」を見つける親御さんも少なくありません。病気からの回復過程では、素行は多少悪くなるのが普通です。思春期の環境も病気も単純ではないからです。

そのような素行の悪さを見て、「この前は死にたいと言っていたと思ったら、今度は不良になって！　いったい、どれだけ周りに迷惑をかけたら気がすむのか」と怒る大人もいます。あるいは、回復過程でようやく自己主張できるようになってきた子どもを見て、「病気だと思って甘やかしたからわがままになったのではないか」と心配する大人もいます。どちらも、「できていないこと」しか目に入っていません。でも、「できるようになったこと」に注目してみると、すばらしい成長に気づくでしょう。何しろ、死にたいと言っていた子が生きているのですし、自己主張できずに病気になった子が、それこそ「普通の反抗期」なみに反抗するようになったのです。そのように「足し算」の考え方をしてみれば、感謝しないほうが難しいくらいです。

「生きていてくれること」「できるようになったこと」への感謝は、子どもに必ず伝わります。これも、子どもの自尊心に直接つながることなのです。自尊心を持つには、ありのままの姿を受け入れてもらう必要があります。ありのままを受け入れるというのは、親子のように世代間ギャップがある場合には案外難しいものですが、「生きていてくれること」「できるようになったこと」に注目していくと、子どものありのままを受け入れやすくなります。

29 いじめにどう向きあうか

現代社会で子どもを持つ親にとって、また、子どもと関わりを持つ人にとって、「いじめ」という問題を避けて通ることはできないでしょう。いじめが深刻な問題であるということは、いじめられた子の自殺など痛ましいニュースを通して、社会にも広く知られるようになってきました。つまり、「本人のとらえ方の問題」などと気軽に言えるようなレベルではないという実態が明らかになってきたということです。いじめについての認識が現実に近くなってきたというのはもちろんよいことであるわけですが、それでは、この問題にどう向きあったらよいのか、ということになると、確固たる方針を持っている人は少ないのではないでしょうか。

昨今のいじめに関する議論で、「いじめは卑劣で許されないことだ」と強権的に教えることで解決すべき、という論調が幅をきかせていることが私は大変気になっています。強権的な解決法は、いじめの本質的な解決にならないばかりか、そのような姿勢がいじめという構造作りに加担していると思うからです。

いじめの構造は、実は社会のあちこちに見られますが、「いじめ」として意識されていないもののほうがむしろ多いと思います。何らかの「落ち度」がある人に対して、大勢が「正論」をかかげて攻撃する、というパターンは、社会でもよく見られます。子どもたちのいじめも、基本的な構造は同じです。いじめる側の子どもたちには、彼らなりの「正論」があります。「あの子は生意気だ」「あの子はわがままだ」「だから矯正しなければならない」というようなものです。「いじめられる側にも問題がある」という主張をする人がいますが、それはここに由来するのでしょう。

「正論」を主張している子どもたちは、強権的に教えられても、心から反省できないばかりか、ますますネガティブなエネルギーをため込むでしょう。いじめには、「問題行動」としての要素と、「歪んだコミュニケーション」としての要素があり、いずれにとっても強権的な対応はプラスにならないどころか、逆効果になってしまいます。「問題行動」としてのいじめは、子どもの病んだ心を反映したものです。よく見られるのは、家で「いい子」にしていなければならない子が、学校ではいじめをするというものです。家でありのままを受け入れてもらえずのびのびと過ごすことができない子が、そのフラストレーションをいじめという形で表現するのです。この場合、きっかけさえあれば相手は誰でもよい、ということになります。

「歪んだコミュニケーション」としてのいじめは、いじめる相手との関係性の中で起こります。自分が何らかの形で相手から被害を受けていると思うけれども、「言っても聞いてもらえないから」「言うとかえって怒られるから」「相手のほうが口が達者で、論破されてしまうから」などの理由によって改善できないと感じるときにとられる、一つの歪んだコミュニケーションがいじめなのです。また、「被害」の中には、「相手のほうが勉強ができる」などというものもあり、これはそもそも「相手に伝えて解決する」という性質のものですらありません。

多くのケースで、この二つの要素は混在しています。また、「いじめないと自分もいじめられるから」という理由でいじめる子もたくさんいますが、これも、いじめがある環境でのびのびと振る舞えないことによって心が病んできている、と見ることもできるでしょう。

問題行動としてのいじめにしろ、相手への不満を表現する歪んだコミュニケーションとしてのいじめにしろ、あるいは「いじめないと自分もいじめられるから」という恐怖の中でのいじめにしろ、共通するのは「被害者意識」です。「だって、家ではしめつけられてむしゃくしゃしているから」「だって、相手からひどい目に遭わされてきたから」「だって、いじめないと自分がやられるから」というように、自分にはいじめなければならない正当な理由がある、という感覚を作るのが、被害者意識なのです。

被害者意識を持っている人たちに強権的にものを言っても、逆効果です。「すでにひどい目に遭っているのに、なぜさらに言われなければならないのだろう」と、被害者意識を強化することにしかならないからです。

「修復的司法」という手法

イギリスなどで成果を上げてきた修復的司法は、この被害者意識を癒すものです。修復的司法というのは難しい言葉ですが、基本的な考えとしては、問題を起こした人をコミュニティから排除するのではなく、なぜその問題が起こったのか、その問題によってどのような傷が生じたかを関係者が一堂に会して話しあい、コミュニティ全体で癒しのプロセスを進めていくものです。問題を起こした人を単に「悪い人」と決めつけて罰を与えても問題の再発が防げることはむしろ少ないという現状を踏まえ、修復的司法は問題の再発防止効果が高いものとしていろいろな領域で注目されています。

修復的司法をいじめに適用すれば、いじめられて傷ついた被害者の気持ちや、いじめに至った加害者の事情を、関係者が集まって語りあっていく、というやり方になります。「裁判」のように「誰がどれだけ悪いか」を決めるのではなく、問題をコミュニティとして引き受けるのです。つまり、「腐ったみかんを排除する」という論理ではなく、「なぜ、みかんは腐ったように見えるのか」ということを皆で問い直していく、ということなのです。話をじっくり聴けば、いじめの行為は容認できなくても、相手を一人の人間として理解することは可能です。加害者にとってもおそらく、自分の気持ちをちゃんと聴いてもらう初めての機会になるでしょう。人は、自分の被害者性が癒されて初めて、自分の加害者性を認識し、他人に対して心からの謝罪ができるものです。つまり、「自分自身がこんなにひどい目に遭っているのだから、いじめるのは当然」という見方をしている限り、自分が人を傷つけたという事実に心を開くことはできないのです。

いじめを解決するコミュニケーション

人間はお互いの話をじっくり聴くことで、必ず心のつながりができるものです。いじめっ子同士が結託し、「あいつ」と「自分たち」というふうに関係を二分し、相手の悪い点を確認しあい、絶えず「正論」を盾に自己正当化を続けるのは、そうしなければ相手との間に心のつながりができてしまい、罪悪感と向きあわなければならなくなるからです。修復的司法は、まさに直接的なコミュニケーションを促進することで、いじめという歪んだ間接的コミュニケーションを解消する役割を果たしていると言えます。

いじめ解決策として注目されるノルウェーの「学校仲裁所」なども、やはり同じ考えに基づくものです。学校仲裁所にはもめ事の仲裁員がいますが、その役割を大人ではなく生徒が担っています。仲裁所には、「事実だけを言う」「相手を非難することから始めない」「相手が話しているときに口をはさまない」「相手を理解するよう努力する」などのルールがあるそうです。仲裁員の役割は、「裁判官」ではなく、「ルールの監視役」ということになります。

大切なのは、このプロセスに大人が一切関与しないことです。大人が出てきて、「いじめは悪いことだからやめなさい」と強権発動する、ということは、実は「正論」でさえあれば手段は選ばない、という「いじめと同じ構造」なのです。強い者が弱い者を制するのではなく、お互いに相手の立場を理解しあうことで問題を解決しようという手段が重要なのです。

これは、歪んだコミュニケーションとしてのいじめを解決することにもなります。自分の話を無条件に聴いてもらえる場があれば、そしてその価値を肌で感じれば、いじめのような歪んだコミュニケーションに走らずにすむでしょう。

＊ノルウェーの学校仲裁所について教えてくださった、ノルウェー学校仲裁所制度研究会代表の藤岡登さんに感謝申し上げます。

30

「ひきこもり」とコミュニケーション

「ひきこもり」は、今や社会問題となっています。「ひきこもり」と一口に言っても、ケースによってその背景はさまざまです。いじめの被害に遭って「ひきこもり」になる人もいますし、本書でご紹介してきたような病気の結果「ひきこもり」になる人もいます。本章では、コミュニケーションという観点から「ひきこもり」を考えてみたいと思います。実際の「ひきこもり」治療においては、コミュニケーションだけに専念していればよいということはなく、行動面への働きかけや、薬物療法が必要な場合もあります。しかし「ひきこもり」に関連して起こっていることを理解し、適切に対処していくためには、身近なコミュニケーションに注目することが大変有意義だと思います。

「ひきこもり」の人たちが持つ症状や特徴はさまざまですが、共通して言えることは、社会的な関わりを長期間（厚生労働省の研究班の基準では六ヶ月以上）持っていない、ということです。

人間にとって理想的な対人関係のバランスとは、（1）最も身近な人たち（家族や恋人、親友など、専門的には「重要な他者」と呼ばれる人たち）との間に、親しい、満足できる関係があり、（2）友人や親戚などとの間に、そこそこ親しい関係があり、（3）社会的な役割（学校や仕事、社会活動など）における人間関係があること、と考えられています。これら三層の関係がバランスよく存在していれば、いろいろな意味でストレスに強い心になるでしょう。もちろん、この中で最も心の健康に関連しているのは第一層の「重要な他者」との関係であり、私が専門としている対人関係療法ではそこに注目して治療を進めていきます。

「ひきこもり」で最も問題とされるのは、第三層の社会的役割の障害ということになります。そして、本人も家族も、第三層こそが問題だと感じて苦しんでいます。

でも、実際に「ひきこもり」の人をよくよく見てみると、問題の本質はやはり第一層にあるように思うのです。これは、家族のせいで「ひきこもり」になったという意味ではなく、「ひきこもり」の治療に取り組む際に、社会的役割を作ることに注目する以前に、家庭内の人間関係に注目したほうが効果的であるということです。

「ひきこもり」を隠す親

「ひきこもり」を長期化させる因子として指摘されているのが、親の「抱え込み」です。自分の子どもが「ひきこもり」になるというのは、親にとっては大変なことです。子どもの将来についての心配だけでなく、親自身が、「子どもをひきこもりにさせた親」という目で見られるストレスがあるからです。「ひきこもり」を後ろめたいこととして感じるため、また、一過性のものであってほしいという願望のため、多くの親が子どもの「ひきこもり」を隠します。この閉鎖的な「抱え込み」を打ち破ることが、「ひきこもり」支援の第一歩になると考えられています。

なぜ「抱え込み」がいけないのでしょうか。まず、問題を家庭内だけに抱え込む時点で、不健康な選択になっていると言えます。専門的助言を受けないと、どうしても親の感情で動いてしまい、子どもへの働きかけも適切なものにはなりにくいのです。たとえば、多くの親が、子どもを外に出そうと努力します。中には力ずくで出そうとする人もいます。非常に多いケースとして、「これからどうするつもりなの」「私たちもいつまでも生きているわけではないのよ」と将来についての不安を子どもにぶつけてしまうこともあります。これらのすべてが、「ひきこもり」治療にとってマイナスにしかなりません。

「ひきこもり」になる子どもたちは、いろいろな意味でコミュニケーションに絶望していると言えます。「言ってもわかってもらえない」「言っても聞いてもらえない」という無力感が強いことが多いですし、コミュニケーションによって傷つくことを怖れている場合も少なくありません。究極のコミュニケーションの打ち切りが「ひきこもり」であるとも言えますし、少し会話をしてもすぐにキレて打ち切る、家庭内暴力をふるう、というパターンは、いずれもコミュニケーション障害として見ることができます。

コミュニケーションへの信頼感を育てる

そこで、子どもにコミュニケーションのスキルを身につけさせればよいのではないか、と思う方も多いようですが、ここで重要なのはそういう技術的な問題ではありません。コミュニケーションへの希望を支える一つの感覚が、自分は受け入れてもらっているという無条件の肯定感です。

ひきこもりの方たちを拝見してきて、最も重要な課題はこのあたりにあると感じています。誠実に話していけばわかってもらえる、という安心感がなければ、人は（特に「ひきこもり」のような難しい状況に置かれている人は）コミュニケーションを続けていくことができないのです。親が「ひきこもり」の子を外に出そうとして行うあらゆる試みは、「ひきこもり」につながった子どものさまざまな苦しみを理解しようとせず、とにかく親の不安を押しつけようとしている、という構造であり、相互的なコミュニケーションを作っていこうという方針に反するものになってしまいます。

現在「ひきこもり」になっているのは、いろいろな事情が積み重なった結果です。本人はあらゆる意味でベストを尽くしてきたけれども、結果としては現状に至っている、ということです。そして現状を誰よりも辛く不安に思っているのは本人です。それを受け入れることからしか、「ひきこもり」支援は始まらないでしょう。ですから、「いつまでひきこもっているつもりなの」と言うことは、そのスタート台すら作れない、ということになります。

親は、「ひきこもり」にある子どもを無条件に肯定しつつ、自らは第二層、第三層（医療者をはじめとする支援者）の人に心を開き問題を共有していく、という姿勢を両立させていくと効果的です。その際、「第二層・第三層の人との関わり」は、基本的には親自身の課題であり、子どもにはそれを押しつけるべきではない、ということを理解していただきたいと思います（「無条件の肯定」に反してしまいますので）。また、第二層・第三層の人と関わっていく親のコミュニケーションは、子どもの見本にもなるでしょう。多くの親は、子どもの「ひきこもり」を問題視しているにもかかわらず、必ずしも自分自身が社会に信頼感を持って心を開いているわけではないからです。

なお、ここでお話ししてきた「ひきこもり」は、一定期間（少なくとも半年以上）ひきこもり状態が続いている人の話であり、特に思春期においては一時的なひきこもり状態は成長のための一つのプロセスとしてよく見られるものです。それらは単に見守っていけばよいものでしょう。

31 思春期の「性」

14ページで述べた思春期の定義が「二次性徴の発現から性的身体発達の完成まで」であることからもわかりますが、思春期は性的な成熟とは切っても切れないものです。性的な成長は、もちろん人間として必要なものですが、その過程では心身ともに不安定な状態が作り出され、時には自分自身を傷つけるような方向に導くこともあります。

性的な問題については、いろいろな議論が行われてきました。その大きな理由の一つに、日本における10代の人工妊娠中絶（いわゆる「中絶」）と性感染症が非常に多いということがあります。性的な問題については、いろいろな価値観を持つ人がいますが、どんな立場をとる人でも、人工妊娠中絶や性感染症が本人を傷つけるものであり、特にそれが10代という多感で不安定な時期に起こる場合の影響は無視できないということには合意するでしょう。

正しい知識を与える

10代の人工妊娠中絶や性感染症について、アンケート調査などから言えることは、「学校でちゃんと教わっていれば、こんなことにはならなかったと思う」と考えている人がある程度いるということです。もちろんそう答えているだけで、実際に学校で教えられてもやはり同じことをしたという人も中にはいるでしょう。でも、性的な問題だけでなく、薬物など思春期の問題行動については、正しい知識を与えるだけで十分予防できる人が比較的多く存在することは事実です。そういう人たちは、自分を大切にすることを知っていて、正しい知識さえ与えられれば、自分を大切にするような行動ができるのです。もちろん思春期ですから小さなゆらぎはありますが、大きく自分を傷つけるようなことの前には二の足を踏みます。ですから、「寝た子を起こすのではないか」などと怖れずに、性に伴うリスクや避妊の方法などの正しい知識を与えることが必要です。

この「正しい知識」には、実際の対処法も含めることが重要です。性的な問題は「相手」のあることですから、本人がいくら正しい知識と意思を持っていても、相手を説得することができなければ、望んだ結果が得られないからです。この対処法には、コミュニケーションのあり方も含まれます。こんなふうに言われたときはどう返したらよいのだろうか、相手の言い分は一見自分を大切にしてくれているようだけれども、本当にそうだろうか、といったようなことを考えられるようにしていく教育が必要です。

手法としては、「ピア・カウンセリング」と言われるものが役に立ちます。大人が子どもに一方的に知識を教えるのではなく、同世代同士が一緒のグループになって、少しだけ先輩のピア・カウンセラーが「好きな彼から一緒に泊まろう、と言われたらどうする?」というような投げかけをし、いろいろと話しあっていくのです。思春期の子どもたちは権威者の言うことよりも同輩や先輩の言うことに耳を傾けるものですから、このやり方はとてもうまくいきます。

この中で子どもたちが学んでいくのは、性というものは独立しているわけではなく、自分という人格の一部だということです。性について相手とやりとりするということは、自分という人格についてのやりとりに他ならない、ということを学んでいくと、学習がより地に足のついたものになります。

国際的な調査で興味深いものがあります。いわゆる「禁欲教育」(とにかく性的なことは何でもだめ、という教育)を受けた人たちは、ある時点から人工妊娠中絶率が高まってしまいます。一方、「性はだめ」という扱いをせずに、より確実な避妊法やそれを相手に受け入れさせるやり方など、徹底して自分を大切にする方法を教えられた人たちは、一貫して人工妊娠中絶率が低いのです。前者は、禁欲以外の知識がなかったために自分を守ることができなかった、ということもあるのでしょうが、もう一つ、自尊心という観点から見る必要もあります。

自尊心と「性」

「性的な体験は悪いこと」というレッテルを貼ってしまうと、自分が実際に性体験をしてしまった場合の罪悪感が非常に強くなります。罪悪感から、「どうせこんな私なんて」と自暴自棄になってしまい、自己コントロールが効かなくなることもあります。

先ほど、正しい知識さえあれば自分を守ることができる人たちが一定割合いる、ということをお話ししましたが、同時に、正しい知識を与えても、自分を守ろうとしない人たちもいます。つまり、自分にとってマイナスなことだと知っていてもやる人がいる、ということです。

これは自尊心と大きな関わりがあります。自尊心についてはいままでにもたびたび触れてきましたが、簡単に言えば「自分を大切にする気持ち」です。自尊心、つまり、自分を大切にする気持ちがあまりない人は、「自分を大切にしたいのなら、性的にも自分を守ることが重要」ということを聞かされても、あまり意味を感じないでしょう。こういうタイプの人たちに対しては、単に正しい知識を与えるだけでなく、心のケアが必要です。自分が大切だと感じられるような関わりを、まずは周りがしていかなければならないのです。

「禁欲」を破って罪悪感が高まってしまった子どもに対しても同じです。「悪いこと」をしてしまった自分を大切にしようなどと思えなくなった子どもにも、「それでもあなたは大切な存在だ」ということを伝えて、自尊心を回復させる必要があるのです。脅すやり方が一般にうまくいかないのは、それが人の自尊心を育てるのとは正反対の方法だからです。

性について思春期の子どもが相談したり打ち明けてきたりしたら（もしかしたら妊娠してしまったのではないか、性感染症なのではないか、など）、以上のことをよく頭に置いて対応していただきたいと思います。一般に、子どもにとって、性のことを大人に相談するというのはとても恥ずかしく気が進まないものです。でも、ギリギリまで追い詰められて相談せざるを得なくなった、という状況を理解してあげてください。

突然相談された大人は、パニックになり現実を否認したり子どもを責めたりしたくなるものですが、そこでの対応が子どもの自尊心を、ひいては生涯の心の健康を決めるのだ、ということを思い出していただきたいと思います。パニックになってしまったとしても、自分の失敗に気づき次第、子どもに謝ってやり直してください。「相談してくれてありがとう」「なかなか相談しにくかったでしょう」という一言で、子どもは救われます。そして、どんな事情で起こったことであれ（それが暴力的なものであればなおのこと）、一番傷ついているのは本人の心だということを理解している、というメッセージを示すことです。

お説教をしなくても、子どもの安全を守るために大人が真剣に動くことで、子どもの心も動かされます。妊娠、性感染症、という一見最悪の出来事が、子どもの人生を大きくプラスに軌道修正することになるかもしれません。

32 問題行動への対応——「共感」と「教育」のバランス

本章では、実際に問題行動をどのように取り扱っていくのかをお話ししたいと思います。

問題行動をとる子どもには（実は大人も同様ですが）、それなりの理由があります。「頭が真っ白になってやった」と言う子どもですら、頭が真っ白になった（つまり、感情的に強い負荷がかかった）理由があります。また、個々の問題行動には特別な理由がなかったとしても、なぜ慢性的に問題行動をとり続けるのか、という大きな視野で見れば、そこには何らかの理由があるものです。

まず何よりも大切なことは、その理由に人間として共感することです。人が変わるためには、自分が理解されたと感じる必要があります。「修復的司法」の現場ではよく見られることですが、現在「加害者」になっている人の多くに「被害者」体験があり、その被害者性が癒されない限り、自らの加害者性に向きあい贖罪《しょくざい》意識を持つことはできないのです。

問題行動をとる多くの子どもたちが、「どうせ自分のことなんて理解してもらえない」「どうせ自分は厄介者という目で見られている」というふうに感じています。お説教が逆効果なのはそのためです。いくら大人が「本人のためを思って」言ったことでも、「どうせ」というふうに受け止められてしまうので、肝心の部分が耳に入らないのです。

問題行動をとる子どもに対しては、「共感」と「教育」という二つのアプローチが必要です。

「気持ち」に共感する

まず、問題行動につながった感情を十分に理解するように努めます。「どうしてそんなことをやったんだ」と聞いても、答えてくれる人はあまりいません。「どうして」という質問には、どうしても非難の響きがつきまとうためです。それよりは、「どういう気持ちだったの？」という質問のほうが、答えが返ってくる確率ははるかに高いでしょう。「どうして」と聞いている限り、どうしても問題行動に焦点が当たってしまうのですが、「どういう気持ち」と聞けば、焦点を当てているのは本人の気持ちになるからです。

また、どんな子どもにとっても、問題行動を起こすときには何らかのネガティブな気持ちを伴うものだということを覚えておくことも大切です。一見「愉快犯」に見えるような子であっても、将来に向けての自暴自棄な気持ちがあったり、「これでまた白い目で見られる」という絶望があったり、いろいろです。常習になっている場合、自覚するのに時間がかかるかもしれませんが、ネガティブな気持ちはたしかに存在しているのです。

ですから、問題行動をとること自体は本人にとってもけっして愉快な体験ではないということを頭に入れて、やりとりする必要があります。

子どもは大人に比べると気持ちの言語化に慣れていません。すぐに答えてもらうことは期待しないほうがよいでしょう。ですから、「何の理由もなくこんなことをやる子だとは思っていない」と伝えて、子どもが話し出すタイミングを待ってあげてもよいでしょう。話してもらうためには、大人から信頼感が伝わってくることが重要です。

子どもの気持ちが語られたら、「その状況だったら誰でも怒りを感じるよね」というように共感を示し、ネガティブな感情を抱いたことを正当化してあげることができるでしょう。この時点では、完全に子どもの立場に立つことが必要です。自分だったら（あるいは、「普通の人」だったら）その状況で怒りを感じたりしない、ということは関係ありません。その子にとっての現実を理解できれば、感情を理解することもできるでしょう。共感を示す際には、「そんなひどいことを言われたの？ それはひどすぎるよね」というふうに、子どもが巻き込まれた状況の不当さを強調することが必要な場合もあります。

「気持ち」を利用して事態を変える

子どもの気持ちに十分共感した上で、「気持ちを利用して事態を変える」という発想を教えることが必要になります。いくら怒りが正当なものだとしても、相手に危害を及ぼすような反社会的なことは、他者に対する人権侵害であると同時に、自分自身をも深く傷つけることになり許されないからです。

教え方は、たとえば、「怒りを感じるのは当たり前ですよね。お父さんがそんなことを言ったのは、ひどすぎます。これからは言わないようにしてもらいたいですよね。でも、お父さんを殴ってしまったので、お父さんはますます『こいつの言うことなど聞けるものか』という気持ちになってしまいましたね。今までのやり方では、現実を変えるためにはかえって逆効果みたいですね。今度からは怒りを感じたときにはそれを生かして自分の望む結果が得られるように、効果的なコミュニケーションができるように考えてみましょう。だって、お父さんは本当にひどいことを言ったんですから、それを指摘して直してもらう権利はありますよ」というような言い方をします。

問題行動にばかり目が行ってしまうと、どうしても「教育」することのみを強調したくなりますが、思春期で問題行動を起こすような子どもたちは、驚くほど劣悪な環境で育っていることも多いものです。そこには、人として許されないような扱いも満ちていることでしょう。それらを丁寧に聴き、「そういう言い方は人として許されないよね」と共感を示していくことも、とても重要な作業です。この一連の作業は、対人関係療法では「感情の励まし」と呼ばれています。多くの問題が、感情が不当に抑え込まれたり、表現法が不適切であったりする結果として起こる、という観察に基づいています。自分の感情を感じ、それを正当なものであると認め（よく「こんな感じ方をする自分はおかしい」と言う人がいますが、感情が状況の意味を自分に知らせる役割を持っている以上、「おかしな感じ方」などというものはなく、感じたからにはすべての感情が正当なものなのです）、その感情を自分にとって最も役に立つ形で活用できるように考える、ということになります。

思春期の子どもは、自分の感情に気づいて言葉にするという作業をほとんどしたことがない場合が多いので、特に「自分の感情を感じる」という部分には力を入れる必要があります。単に「むかつく」「うざい」と言うかもしれませんが、何にむかつき、何が「うざい」のかを、よくよく聴いていく必要があります。そのためには、どんな状況でむかついたりうざいと感じたりしたのかを話してもらうことが必要でしょう。状況さえ話してもらえば、「そういう言われ方をしたらむかつくよね」というふうに、その感情を正当化してあげることができます。

繰り返しになりますが、十分に共感されたと感じない限り、人は変化のための助言に耳を傾ける気になれないものです。特に、それまで信頼できる大人に会ったことがなく、問題行動を起こしている（つまり、自分はだめな人間だという思いが強く、自暴自棄になっている）思春期の子どもの場合はそうです。

33 自分の限界を知る

本章では、思春期の重要な課題の一つである、「自分の限界を知るということ」について説明したいと思います。

私たちは、小さな頃はいろいろな夢を持っています。宇宙飛行士になりたい、発明家になりたい、売れっ子の小説家になりたい、世界を飛び回る仕事をしたい……などなど、さまざまな夢を持っているものです。でも実際に人生を歩んでいくにつれて、現実的な「受験」「進路」などの枠組みの中で考えざるを得なくなり、「断念」ということが大きな課題となってきます。つまり、宇宙飛行士になりたかった人のすべてが宇宙飛行士になれるわけではない、ということです。

多くの人がそれを「仕方のないこと」と受け止め、「小さな頃は宇宙飛行士になりたかったのですが……」と笑いながら語れるようになります。でも、中には、自分の夢を断念することに大きな抵抗を感じる人もいます。そんな自分を認められずに自分を追い込んで病気になってしまうこともありますし、自暴自棄に走って問題行動を起こすようになってしまうこともあります。「人生とはこんなものだ」と妙に冷めてしまい、情熱的にものごとに取り組めなくなることもあります。あるいは、自分が認めてもらえないのは相手が悪い、といろいろな可能性を転々として空虚感と焦りを抱え続ける、という人もいます。

「自分を社会の中でどのあたりに位置づけるか」ということも、思春期の大きな課題の一つです。もちろん人生はそこで終わるわけではありませんし、大人になってからもいろいろな可能性は新たに広がっていくのですが、単なる子どもでいられた状態から、大人社会に入っていくという思春期は、これらの課題に真正面から取り組まなければならない時期であると言えるでしょう。

そんな中で、重要なのは「自分の限界を知る」ということです。努力すれば何でもできるようになるわけではない。がんばればみんながほめてくれるわけではない。そもそも、運命や環境をすべて自分の力でコントロールできるわけではない、ということを認めなければならないのです。その一方では、自分にできる範囲で全力を尽くしていくことも、周囲からは求められます。

「現在」に生きることの重要性

この課題につまずいて、いつまでも「長い思春期」を過ごしている人がいます。そういう人たちのほとんどに共通して言えるのは、「現在の人間関係が充実していない」ということです。自分の限界を受け入れようとしても、自分の頭の中だけで考えていてはなかなか受け入れることができないものです。そんなときに、現在の人間関係を充実させることには大きく二つの意義があります。一つは、自分の悩みを人と分かちあうことで、共感してもらったり、自分を相対化したりすることができる、ということです。自分は人に支えられているという感覚を持つこともできるでしょうし、自分をよい意味で客観視することもできるでしょう。

もう一つの意義は、「現在」というキーワードにあります。何にせよ、現在に集中するということは、悩みを解決する重要な手段です。「〜べき」「〜はず」というのは、現在に集中していれば出てこない考えだからです。

G子さんは、「一流大学に行く」という夢を持っていましたが、大学受験が近づくにつれ、自分の実際の成績と、行きたい大学には雲泥の差があることに気づいてきました。地方の高校での成績は一番だったのですが、全国規模の模擬試験を受けると、行きたい大学のレベルにまったく達していないことがわかったのです。

彼女は、そのことを恥ずかしく感じ、「一流大学に進学できなければ、家族も周囲も、『あの子は所詮その程度の人間だったのだ』と思うだろう」と思い込んで自分をどんどん追い詰めた結果、うつ病になってしまいました。

G子さんには対人関係療法を行いましたが、治療の中心となった課題は「役割の変化」でした。「人間は努力すれば何でもできるし、そもそも人間は学力だけで評価される」という狭い考え方を持った「子ども」としての役割から、「人間にはいろいろな限界があり、その中で支えあっていくことが人生」と考えられる「大人」としての役割に変わる、ということです。

G子さんは、両親が一流大学に行かない自分を恥ずかしく思うだろう、と信じ込んでいました。ところが、両親は「大学よりも心の健康のほうが大事」と断言しました。それを聞いたG子さんは本当に驚き、だんだんと、自分の不安や悩みを両親に打ち明けられるようになったのです。そのやりとりの中で、「完璧」に見えていた父親も、いろいろな悩みを持って生きているということを知りました。また、父親の考え方も「完璧」

ではない、ということもわかってきました。

大きな流れの中に今の自分を位置づける

こんなやりとりの中で、G子さんは「完璧な人生などない」ということを理解していきました。また、自分が心の病気になった意味もわかってきたのです。つまり、かなり頑固な性格の自分は、病気にでもならなければ思い込みを手放す機会が得られなかっただろう、ということです。こうして、病気を単に「ネガティブなこと」ではなく、「意味のあること」として位置づけることができれば、むしろプラスに生かしていくことができます。私はよく、「私は元に戻るのでしょうか」と尋ねる患者さんに、「病気になったのは、もともとのやり方がご自分には辛すぎたためなのですから、元に戻るのではもったいない。病気になったことをきっかけに、もっとご自分にとって気持ちのよい人生を手に入れましょう」と申し上げています。

病気になるということは、皆が「現在」に集中するチャンスです。G子さんの親御さんも、G子さんが病気になるまでは、本当に「一流大学に入ってほしい」と思っていたのかもしれません。でも、子どもが病気になることによって、子どもが生きているのは今現在なのだということに気づいたのでしょう。

思春期の心の病気では、「将来」がテーマになることも多く、皆の目は「将来」に向きがちですから、「現在」の人間関係を充実させることが将来の展望を開いていく、という発想はなかなか持ちにくいと思います。でも、実際のところ、将来は現在の延長線上にあり、独立したものではないのです。また、自分が直接関わることができるのは現在だけで、「将来」ではないのです。

このように考えてくると、自分の限界を知るということは、「現在に生きること」と同じであると言えると思います。うつ病などへの効果が実証されている精神療法である対人関係療法も認知行動療法も、「今ここでのこと」「今の気持ち」に注目していきます。多くの研究データが、その有効性を証明しています。

34

それぞれの人がベストを尽くしている

思春期の心について、さまざまな観点から見てまいりました。最後に、気をつけていただきたいことをお話ししておきます。「○○というふうに子どもを育てたいものですね」というように、ある「望ましい方向」を示されたときに、素直に、「ああ、そういう方向に頑張っていこう」と思える人もいるのですが、「どうしよう。うまくできていない。うまくできそうもない」と、「できていないところ」「できそうもないところ」ばかりに目が向いてしまう人もいます。そういう方のために、最後に補足させていただきたいと思います。

親が罪悪感を手放す

人間はそれぞれが事情を抱えて生きていますので、すべての人が、言われたとおりのことをできるわけではありません。親も、自分自身の事情を抱えた一人の人間ですから、よい親でありたいと思い、努力をしても、ある時点では、できることとできないことがあります。これは、親自身の成長のプロセスと呼ぶべきものです。

もちろん、どんな親も、できればいつも余裕があって、子どもからの問いかけに温かく反応して、子どもの様子の細かなところに気づき、自尊心を伸ばしてあげられるような育て方をしたいと思っているでしょう（自分はそんなことを思っていない、という親御さんがいらっしゃったら、それも何らかの「事情」によってそう思っているのだと思います）。

しかし実際には、日々の生活の中で、親自身も精神的に不安定になってしまい、ついつい余裕のない受け答えをしたり、時には子どもに向かってひどいことを言ってしまったりすることもあります。また、自分の不安を子どもに押しつけて、子どもの不安を煽るようなこともよく見られます。

いずれももちろん不適切なことですし、子どもに対してもできるだけオープンに、悪いことをしてしまった、と認めたほうがよいのですが、そのことと、親が自分を責めてくよくよすることとは、似て非なることです。

親が自分を責めることには、さまざまな問題があります。

まず、子どもに罪悪感を植えつけてしまいます。子どもは、自分のせいで親につらい思いをさせてしまったと思うものだからです。

もう一つの大きな問題は、親は自分を責めている間、子どものことを見なくなるということです。「自分を」責めるのですから、自分に意識が集中してしまうのです。子どもを見たとしても、それは、「親である自分が悪いことをした」という色眼鏡を通して見る子どもであり、子ども自身が見てほしいこと、聞いてほしいこととは違います。子どもと心がつながらなくなってしまうのです。

ですから、うまくできなかったときには、そのことを認め、相手に詫びながらも、自分を責めない、という姿勢が必要になります。そして、実はこの姿勢は、子育てだけでなくあらゆる人間関係に適用できるものであり、私たちが子どもたちにも学んでほしいと思っている姿勢なのです。

この姿勢の根本には、「それぞれの人がベストを尽くしている」という考え方があります。子どもに対してどんなに不適切な行動をしている人でも、その人が抱えている事情を考えれば、その中でベストを尽くした結果だと考えることができます。「ベストを尽くす」という表現がわかりにくければ、「それ以外にはできなかった」と言い換えてもよいと思います。たとえば、「あそこでもう少し努力していれば、こんなことにはならなかったのに」と思うかもしれませんが、そのときの自分には、やはりそれが精一杯だったのです。

ですから、親として不適切なことをしてしまったときには、そのときの自分にはそれが精一杯だったということを認めます。もちろん、相手は傷ついたわけですから、そのことは詫びて配慮を示したほうがよいですし、できるだけのことをしてあげたほうがよいでしょう。それは、自分を責めている限り、できないことです。先ほどお話ししたように、自分を責めている間、人は自分自身にしか意識を向けていないのですから、どうすれば相手にとって最もプラスになるか、という観点は持てないのです（どうすれば自分の罪が最も軽くなるか、という観点にとらわれてしまいます）。

子どもも常にベストを尽くしている

「それぞれの人がベストを尽くしている」ということは、子どもについても言えます。

子育ての本を読んで、「うちの子には問題があるのではないだろうか」と心配にとりつかれてしまう人もいます。そして、「今のうちに何か手を打っておかなければいけないのではないか」「それとも、すでに手遅れなのか」などと忙しく悩むことになります。

もちろん、病気の疑いがあれば、専門家に診てもらったほうがよいでしょう。でも、現実にそういう心配がないのであれば、「問題」に見える部分も含めて、その子がベストを尽くした結果なのだという目で見てあげると、見え方が変わってくるはずです。「できていない部分」よりも、「がんばっている部分」に目が向くようになりますので、ほめやすくなります。「本人が悩んでいる部分」にも目が向くようになりますので、親の不安を押しつけるよりも本人を安心させてあげようと思うようになります。いずれも、子どもの自尊心を育てる上でとても重要なことです。

また、子どもにも、「すべての人がベストを尽くしている」という視点を教えていくことができます。本書でも、何度か、子どもにこう育ってほしいと思ったら、まずは自分がやりましょう、ということをお伝えしてきました。たとえば、間違えたときには謝れる子に育てたければ、親自身、自分が間違ったと思ったときに謝る習慣を見せる必要があります。また、困ったときには助けを求められる人に育てたければ、親自身も、一人で抱え込まずに人に相談する姿を見せる必要があります。

ただ、すべての親がそうできるわけではないでしょう。多くの場合、親自身が乗り越えられていない課題とも重なるからです。そんなときにも、「子どもにこう育ってほしいと思ったら、まずは自分がやりましょう」という原則は同じです。「間違ったときは謝れる人間になろうと思って努力しているけれども、なかなか難しいね。でも一緒に頑張ろうね」というふうに言えば、目指すべき方向を示すことができるのと同時に、現時点での自分の限界を率直に認めている姿を見せることもできます。そこから子どもが学べるのは、「間違ったときは謝れる人間になりたい」ということと、「努力しても、いつもできるわけではないんだ。でも、だからだめだということではなく、それを認めて、また努力していけばいいんだ」ということです。そうして、「すべての人がベストを尽くしている」という寛容な目で自分や他人を見られるようになれば、それもまた、その子の一生の財産になるでしょう。

参考文献

○木島伸彦、斎藤令衣、竹内美香、吉野相英、大野裕、加藤元一郎、北村俊則「Cloningerの気質と性格の七次元モデルおよび日本語版 Temperament and Character Inventory（TCI）」、『精神科診断学』一七号、一九九六年
○水島広子『拒食症・過食症を対人関係療法で治す』紀伊國屋書店、二〇〇七年
○水島広子『対人関係療法でなおす うつ病――病気の理解から対処法、ケアのポイントまで』創元社、二〇〇九年
○水島広子『対人関係療法でなおす 社交不安障害――自分の中の「社会恐怖」とどう向き合うか』創元社、二〇一〇年
○水島広子『対人関係療法でなおす 双極性障害――躁うつ病への対人関係・社会リズム療法』創元社、二〇一〇年
○水島広子『対人関係療法でなおす トラウマ・ＰＴＳＤ――問題と障害の正しい理解から対処法、接し方のポイント』創元社、二〇一一年

水島広子（みずしま・ひろこ）

一九六八年東京生まれ。慶應義塾大学医学部卒、
同大学院修了（医学博士）。
現在、対人関係療法専門クリニック院長、
慶應義塾大学医学部非常勤講師（精神神経科）。
摂食障害をはじめとする思春期前後の問題や家族の病理が専門。
二〇〇〇年六月〜二〇〇五年八月、
衆議院議員として児童虐待防止法の抜本改正などに取り組む。
うつ病等への治療効果が実証されている
「対人関係療法」の日本における第一人者。
主な著書に、
『怖れを手放す アティテューディナル・ヒーリング入門ワークショップ』（星和書店）、
『自分でできる対人関係療法』
『トラウマの現実に向き合う ジャッジメントを手放すということ』
『対人関係療法でなおす うつ病』（以上、創元社）、
『拒食症・過食症を対人関係療法で治す』
『10代のうちに知っておきたい折れない心の作り方』（以上、紀伊國屋書店）、
『思春期の意味に向き合う 成長を支える治療や支援のために』（岩崎学術出版社）
『「怒り」がスーッと消える本』
『身近な人の「攻撃」がスーッとなくなる本』
『自己肯定感、持っていますか？――あなたの世界をガラリと変える、たったひとつの方法』（以上、大和出版）
『女子の人間関係』（サンクチュアリ出版）
『「毒親」の正体――精神科医の診察室から』（新潮社）
水島広子ホームページ　http://www.hirokom.org/

＊本書は、
財団法人　全国青少年教化協議会発行の
『ぴっぱら』二〇〇七年一月号から
二〇一〇年七／八月号までの連載
「思春期のこころ」に加筆修正したものです。

10代の子をもつ親が知っておきたいこと
思春期の心と向きあう

二〇一一年四月二三日第一刷発行
二〇二五年一月二三日第一二刷発行

著者　水島広子

発行所　株式会社　紀伊國屋書店
東京都新宿区新宿三-一七-七
出版部（編集）
電話：〇三-六九一〇-〇五〇八
ホールセール部（営業）
電話：〇三-六九一〇-〇五一九
〒一五三-八五〇四
東京都目黒区下目黒三-七-一〇

装画　志村貴子
装丁　木庭貴信＋角倉織音（オクターヴ）
印刷・製本　シナノパブリッシングプレス

ISBN 978-4-314-01075-7 C0037
Printed in Japan
＊定価は外装に表示してあります